Sibylle Howald

Mathe Lernkontrollen 5

Testaufgaben mit Lösungen

Kopiervorlagen mit Lösungen

BRIGG Pädagogik

Gedruckt auf umweltbewusst gefertigtem, chlorfrei gebleichtem
und alterungsbeständigem Papier.

1. Auflage 2010
Nach den seit 2006 amtlich gültigen Regelungen der deutschen Rechtschreibung
© by Brigg Pädagogik Verlag GmbH, Augsburg
Alle Rechte vorbehalten.

Originalausgabe © 2008 elk *verlag* AG, CH-Winterthur, www.elkverlag.ch
Sibylle Howald
Mathe Lernkontrollen 5

Das Werk und seine Teile sind urheberrechtlich geschützt. Jede Nutzung in anderen als den
gesetzlich zugelassenen Fällen bedarf der vorherigen schriftlichen Einwilligung des Verlages.
Hinweis zu § 52a UrhG: Weder das Werk noch seine Teile dürfen ohne eine solche Einwilligung
eingescannt und in ein Netzwerk eingestellt werden. Dies gilt auch für Intranets von Schulen und
sonstigen Bildungseinrichtungen.
Illustrationen: Ursina Lanz

ISBN 978-3-87101-**618**-9   www.brigg-paedagogik.de

INHALT

4	Einleitung	
5	Wiederholung Zahlenraum bis 10 000	**1A/1B**
7	Bruchteile erkennen und darstellen	**2A/2B**
9	Grafiken, Diagramme, Durchschnitt	**3A/3B**
11	Orientierung im Zahlenraum bis 100 000	**4A/4B**
13	Kopfrechnen bis 100 000	**5A/5B**
15	Schriftliche Addition und Subtraktion	**6A/6B**
17	Schriftliche Multiplikation und Division	**7A/7B**
19	Zahlen runden	**8A/8B**
21	Rechnen mit Brüchen	**9A/9B**
23	Dezimalbrüche	**10A/10B**
25	Größen umformen	**11A/11B**
27	Proportionalität 1	**12A/12B**
29	Proportionalität 2	**13A/13B**
31	Zeit und Geschwindigkeit	**14A/14B**
33	Zahlenspiele	**15A/15B**
35	Aufgaben zu den Sorten	**16A/16B**
37	Zahlenrätsel	**17A/17B**
39	Lösungen	

EINLEITUNG

Wo stehen die Kinder im Fach Mathematik? Was muss nochmals geübt werden? Was beherrschen die Kinder bereits bestens? Lernkontrollen bieten die Chance, Stärken und Schwächen der Schülerinnen und Schüler individuell zu erkennen. Sie dienen der Beurteilung, müssen aber nicht immer mit Noten in Verbindung gebracht werden.

INHALT In den vorliegenden Lernkontrollen sind die Themen des fünften Schuljahres systematisch aufgegliedert. Die Gewichtung der Themen ist naturgemäß unterschiedlich: Bei einigen Aufgaben stehen die rechnerischen Fähigkeiten im Vordergrund, bei anderen mathematische Denkprozesse und Lösungsstrategien.

ARBEITSAUFTRÄGE Die Arbeitsaufträge sind so formuliert, dass die Aufgaben von den Kindern selbstständig gelöst werden können

INDIVIDUALISIERUNG UND SCHWIERIGKEITSGRAD Jedes Arbeitsblatt ist in drei Schwierigkeitsstufen aufgeteilt (*, ** und ***). Unabhängig von einer möglichen Individualisierung ist zu bedenken, dass die Anforderungen, die an die Kinder gestellt werden, je nach Zeitpunkt der Durchführung differieren können. Wenn beispielsweise die Lernkontrollen am Ende des fünften Schuljahres eingesetzt werden, sind die Fertigkeiten der Schülerinnen und Schüler in *allen* mathematischen Bereichen um ein Jahr fortgeschrittener als zu Beginn des Schuljahres, und dies unabhängig von im speziellen Fall geforderten Fertigkeiten und Strategien. Darum bietet sich eine ausgewogene Verteilung über das Schuljahr an, wenn möglich in der vorgesehenen Reihenfolge, da so am ehesten die Steigerung des Schwierigkeitsgrades gewährleistet ist.

SELBSTKONTROLLE Für die Selbstkontrolle finden Sie die Lösungen ab Seite 39.

WIEDERHOLUNG ZAHLENRAUM BIS 10 000

Lernkontrolle 1A

---

* Ergänze die Zahlenmauern.

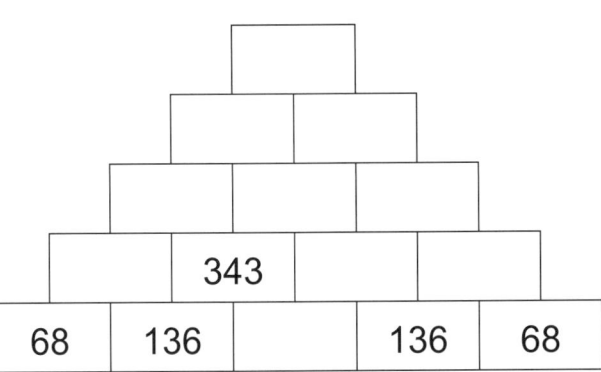

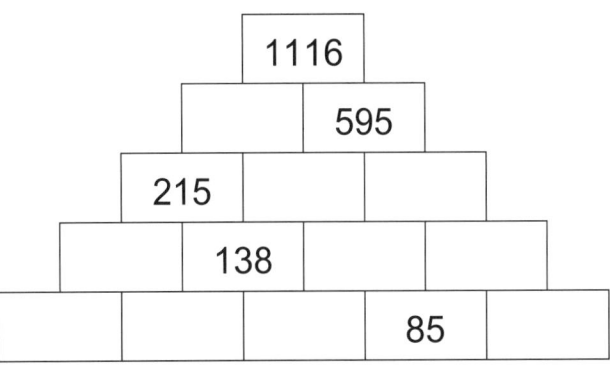

Rechne mit Multiplikations- und Divisionsoperatoren. Beschrifte auch die Pfeile.

: 4	: 7
224	
336	
	91
	30

· 3	· 8
8	
27	
	360
	4320

← ←   ← ←

** Rechne schriftlich auf einem separaten karierten Blatt. Trage deine Ergebnisse hier ein.

3674 + 5498 = _____

6254 + 89 + 346 + 2756 = _____

9213 − 4658 = _____

8324 − 637 − 64 − 1279 = _____

6 · 2687 = _____   3408 : 4 = _____

9 · 1374 = _____   3008 : 8 = _____

*** Wie heißt die gesuchte Zahl? (Lösungsweg aufschreiben!)
Wenn man 9 von ihr abzieht, erhält man das Vierfache von 13.

Das Dreifache von 12 ist erst die Hälfte der gesuchten Zahl.

WIEDERHOLUNG ZAHLENRAUM BIS 10 000

Lernkontrolle 1B

---

* Ergänze die Zahlenmauern.

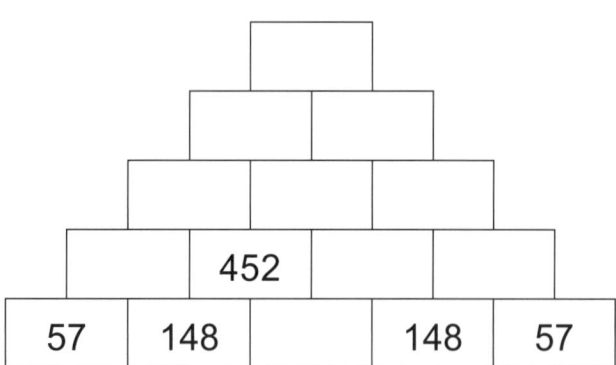

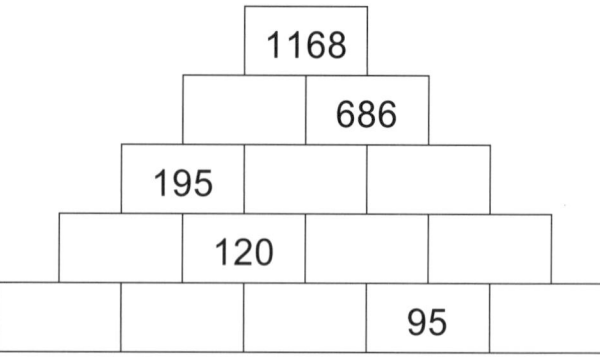

Rechne mit Multiplikations- und Divisionsoperatoren. Beschrifte auch die Pfeile.

: 6	: 8
384	
672	
	176
		40

· 4	· 9
7	
24	
	520
		2880

** Rechne schriftlich auf einem separaten karierten Blatt. Trage deine Ergebnisse hier ein.

2684 + 6947 = _____

5968 + 587 + 64 + 1956 = _____

8912 − 6923 = _____

9134 − 89 − 347 − 1628 = _____

5 · 1689 = _____   2091 : 3 = _____

7 · 2543 = _____   3402 : 9 = _____

*** Wie heißt die gesuchte Zahl? (Lösungsweg aufschreiben!)

Wenn man 7 von ihr abzieht, erhält man das Sechsfache von 14.

Das Doppelte von 36 ist erst ein Drittel der gesuchten Zahl.

BRUCHTEILE ERKENNEN UND DARSTELLEN

Lernkontrolle 2A

* Was für Bruchteile stellen die grauen Flächen dar?

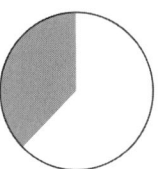  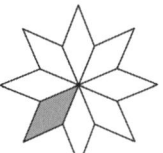 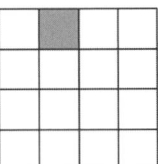 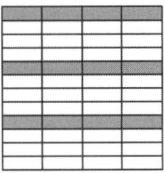 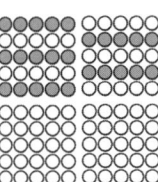

_____   _____   _____   _____   _____   _____

Zeichne die folgenden Bruchteile in die Kreise ein.

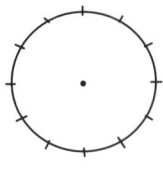   ○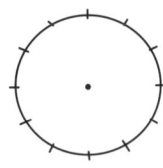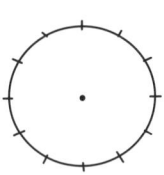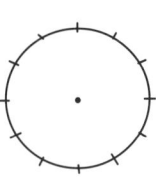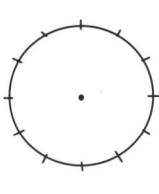

$\dfrac{1}{4}$ $\dfrac{1}{3}$ $\dfrac{2}{6}$ $\dfrac{2}{3}$ $\dfrac{5}{12}$ $\dfrac{5}{6}$

** Jede graue Fläche stellt einen Bruchteil eines Ganzen dar. Ergänze jeden Teil zu einem möglichen Ganzen.

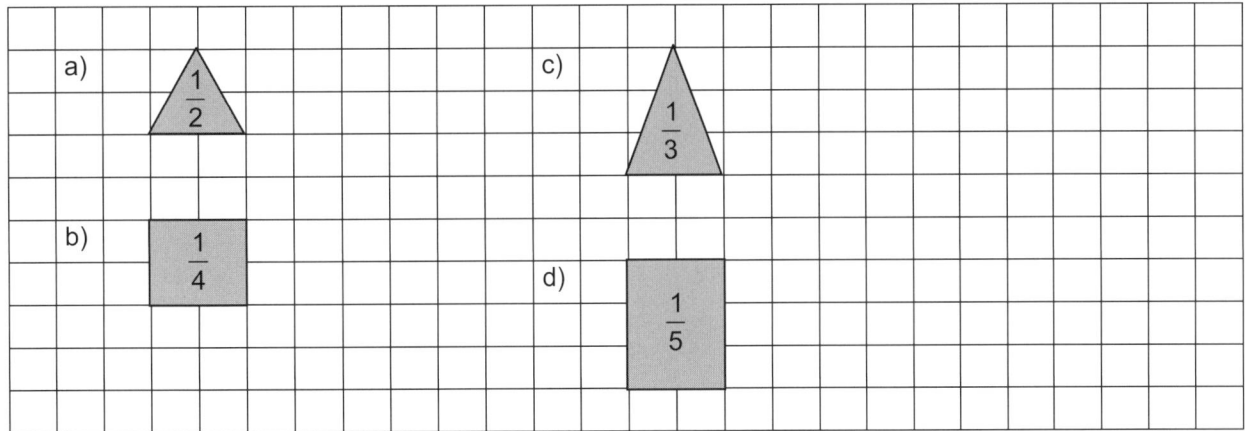

*** Berechne jeweils das Ganze.

3 Tage, das heißt $\dfrac{1}{4}$ der Ferienzeit, sind bereits vorbei.

_____

16 Blumenstöcke, das heißt $\dfrac{1}{3}$ aller Stöcke, müssen im Frühling ersetzt werden.

BRUCHTEILE ERKENNEN UND DARSTELLEN

Lernkontrolle 2B

* Was für Bruchteile stellen die grauen Flächen dar?

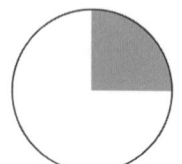  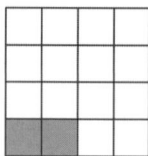  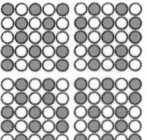 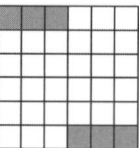

_____   _____   _____   _____   _____   _____

Zeichne die folgenden Bruchteile in die Kreise ein.

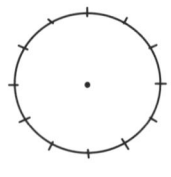 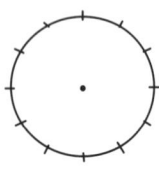 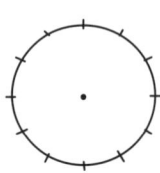 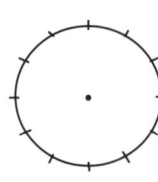 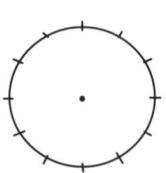 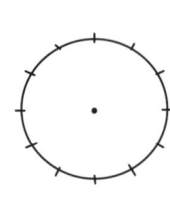

$\frac{1}{6}$ $\frac{1}{2}$ $\frac{3}{4}$ $\frac{4}{12}$ $\frac{7}{12}$ $\frac{4}{6}$

** Jede graue Fläche stellt einen Bruchteil eines Ganzen dar. Ergänze jeden Teil zu einem möglichen Ganzen.

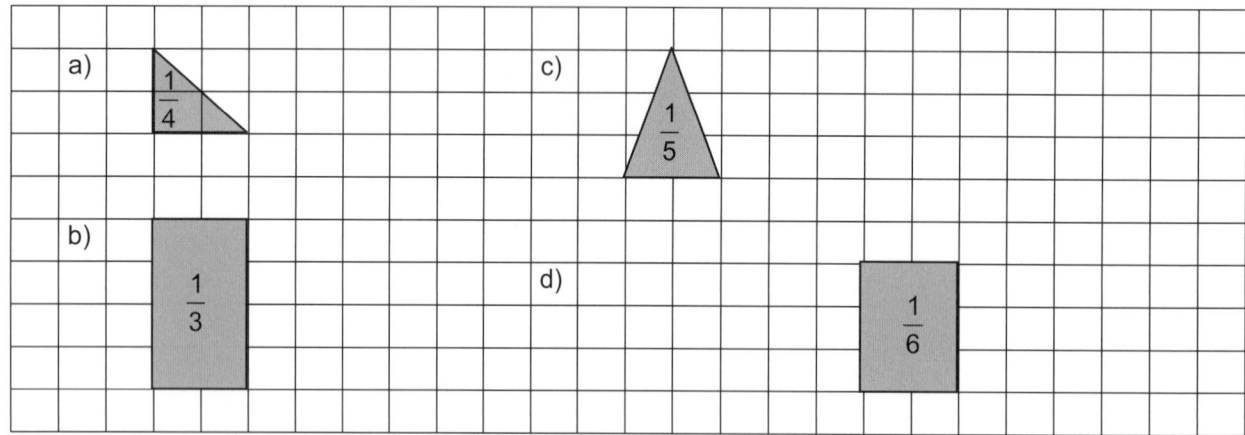

*** Berechne jeweils das Ganze.

5 Tage, das heißt $\frac{1}{3}$ der Ferienzeit, sind bereits vorbei.

_____

13 Schafe, das heißt $\frac{1}{6}$ der Schafherde, sind männlich.

_____

GRAFIKEN, DIAGRAMME, DURCHSCHNITT

Lernkontrolle 3A

---

* Zeichne eine Grafik (Säulendiagramm) aus den folgenden Angaben auf ein kariertes Blatt Papier.

Name des Kindes	Dauer des Schulweges
Bernadette	5 min
Fabienne	7 min
Mirko	20 min
Luca	13 min
Andrea	9 min
Sandra	15 min
Marco	8 min

Wie lange dauert der Schulweg der Kinder im Durchschnitt?
Schreibe Rechnung und Antwortsatz.

** Beantworte folgende Fragen zum Klimadiagramm von Zermatt.

Wie viele Millimeter Niederschlag gab es im Oktober?

Wie warm war es im Juni im Durchschnitt?

Wie viel Niederschlag gab es in den ersten drei Monaten insgesamt?

Wie warm war es im Durchschnitt im Sommer (J, J, A, S)?

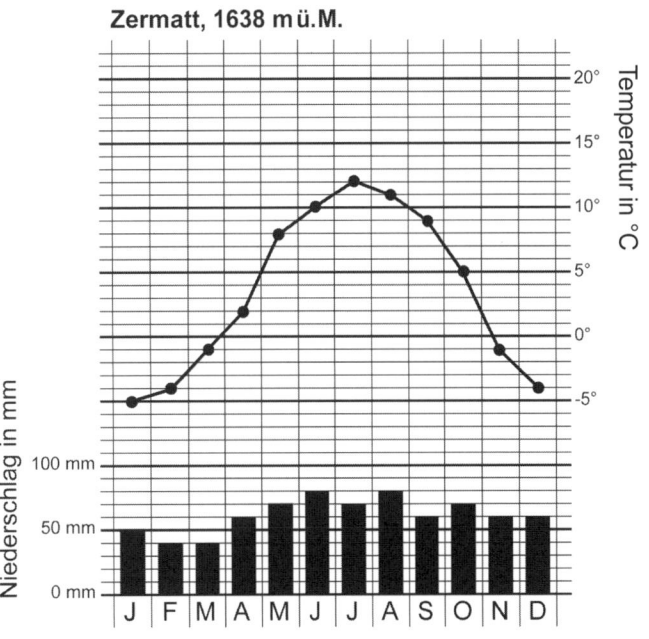

*** Beantworte diese zwei Fragen auf einem separaten Blatt.

Wie viel Niederschlag gab es im ganzen Jahr insgesamt?
Wie war die Durchschnittstemperatur der Monate Mai bis September?

GRAFIKEN, DIAGRAMME, DURCHSCHNITT

Lernkontrolle 3B

* Zeichne eine Grafik (Säulendiagramm) aus den folgenden Angaben auf ein kariertes Blatt Papier.

Name des Kindes	Gewicht
Bernadette	30 kg
Fabienne	28 kg
Mirko	32 kg
Luca	25 kg
Andrea	35 kg
Sandra	31 kg
Marco	29 kg
Lisa	38 kg

Wie schwer sind die Kinder im Durchschnitt? *Schreibe Rechnung und Antwortsatz.*

** *Beantworte folgende Fragen zum Klimadiagramm von Lugano.*

Wie viele Millimeter Niederschlag gab es im Mai?

Wie warm war es im Dezember im Durchschnitt?

Wie viel regnete es in den Monaten März, April und Mai insgesamt?

Wie warm war es im Durchschnitt im Herbst (S, O, N)?

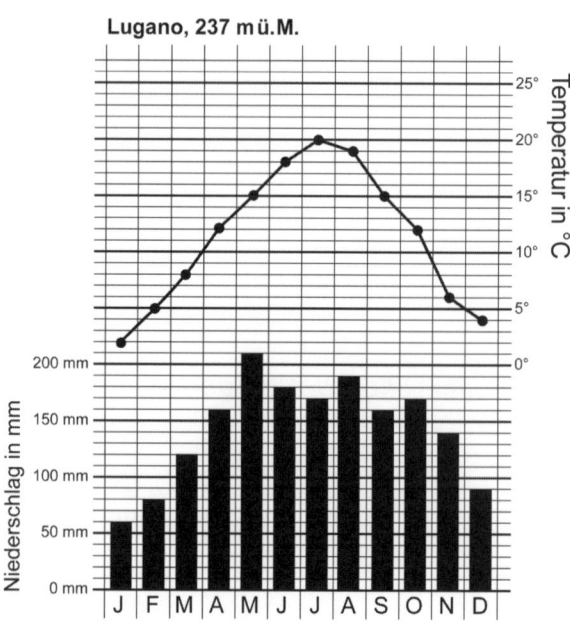

*** *Beantworte diese zwei Fragen auf einem separaten Blatt.*

Wie viel Niederschlag gab es im ganzen Jahr insgesamt?
Wie war die Durchschnittstemperatur der Monate April bis September?

ORIENTIERUNG IM ZAHLENRAUM BIS 100 000

Lernkontrolle 4A

---

* Lies die Zahlen und schreibe sie mit Ziffern.

dreißigtausendvierhundertacht

vierundsechzigtausendfünfhundertsiebenundzwanzig

einhundertachttausendfünfhundertzwölf

sechzehntausendsiebenhundertneunundfünfzig

eine Million viertausendneun

Schreibe die Nachbarzahlen auf.

___	10 989	___	___	100 000	___
___	98 999	___	___	56 999	___
___	308 000	___	___	69 999	___
___	152 000	___	___	40 000	___

** Du verwendest die Ziffern 2, 4, 5, 7, 9, um Zahlen nach den folgenden Kriterien zu bilden. Jede Ziffer darf pro Zahl höchstens 1-mal verwendet werden.

a) Die größte 5-stellige Zahl

b) Die kleinste 4-stellige Zahl

c) Die größte ungerade Zahl

d) Die Zahl, die am nächsten bei 40 000 ist

e) Die größte Zahl, die durch 5 teilbar ist

f) Die Zahl, die am nächsten bei 30 000 ist

g) Die kleinste gerade Zahl

*** Suche die Regel und setze die Zahlenfolgen fort.

a)	7 000	14 000	21 000			
b)	81 000	75 000	69 000			
c)			25 000	29 000	33 000	
d)	18 400	18 900	19 400			
e)	54 200	53 300	52 400			
f)		60 300	61 100	61 900		
g)			20 003	20 007	20 011	

ORIENTIERUNG IM ZAHLENRAUM BIS 100 000

Lernkontrolle 4B

---

* Lies die Zahlen und schreibe sie mit Ziffern.

fünfzigtausendsiebenhundertneun

dreiundachtzigtausendneunhundertvierzehn

zweihundertsechstausendvierhundertachtundzwanzig

neunundvierzigtausendsiebenhunderteins

eine Million elftausendelf

Schreibe die Nachbarzahlen auf.

	10 000			99 100	
	77 999			50 999	
	708 010			48 800	
	170 000			30 000	

** Du verwendest die Ziffern 2, 3, 5, 6, 8, um Zahlen nach den folgenden Kriterien zu bilden. Jede Ziffer darf pro Zahl höchstens 1-mal verwendet werden.

a) Die kleinste 5-stellige Zahl

b) Die größte 4-stellige Zahl

c) Die kleinste ungerade Zahl

d) Die Zahl, die am nächsten bei 60 000 ist

e) Die größte Zahl, die durch 5 teilbar ist

f) Die Zahl, die am nächsten bei 24 000 ist

g) Die größte ungerade Zahl

*** Suche die Regel und setze die Zahlenfolgen fort.

a)	8 000	16 000	24 000			
b)	43 000	36 000	29 000			
c)			66 000	70 000	74 000	
d)	28 500	28 900	29 300			
e)	33 300	34 100	34 900			
f)		78 100	79 000	79 900		
g)			70 010	70 018	70 026	

KOPFRECHNEN BIS 100 000

Lernkontrolle 5A

---

*   *Immer 100 000. Ergänze!*

4 +	___	= 100 000	100 000 −	99 952	= ___
50 +	___	= 100 000	100 000 −	___	= 88 000
600 +	___	= 100 000	100 000 −	6 500	= ___
7 000 +	___	= 100 000	100 000 −	___	= 300
80 000 +	___	= 100 000	100 000 −	70	= ___

Verdopple!

33 330	33 333	60 606	50 550	100 101	200 202	400 404	360 360

Halbiere!

50 000	101 000	30 030	66 660	92 000	110 110	330 330	650 650

**   *Ergänze die Zahlenmauer!*

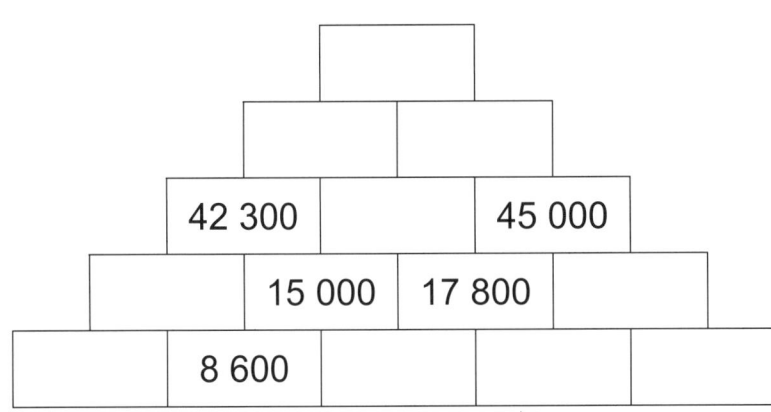

***   *Fülle die Tabelle aus.*

·	15	17	23	25	34	80	660
3							
50							
400							
700							

KOPFRECHNEN BIS 100 000

Lernkontrolle 5B

---

* Immer 100 000. Ergänze!

5	+	_____	= 100 000	100 000	−	99 952	= _____
60	+	_____	= 100 000	100 000	−	_____	= 68 000
700	+	_____	= 100 000	100 000	−	5 200	= _____
8 000	+	_____	= 100 000	100 000	−	_____	= 700
90 000	+	_____	= 100 000	100 000	−	30	= _____

Verdopple!

22 220	22 222	50 505	60 606	102 201	202 222	444 444	480 480

Halbiere!

70 000	103 000	50 050	88 880	72 000	150 150	370 370	242 424

** Ergänze die Zahlenmauer!

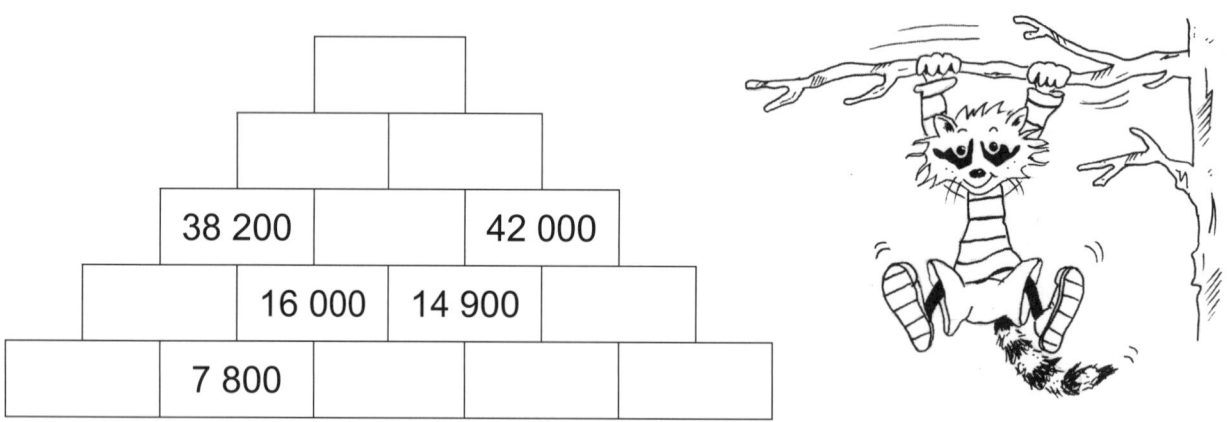

*** Fülle die Tabelle aus.

·	16	12	24	26	37	70	440
9							
60							
300							
800							

SCHRIFTLICHE ADDITION UND SUBTRAKTION

Lernkontrolle 6A

* Rechne schriftlich (senkrecht hier und waagerecht auf einem separaten Blatt Papier).

1	2	5	6	3	+	3	5	2	4	5	+			8	2	7	=					
		+						+							+					+		
		8	9	3	7	+		9	4	6	7	+	1	7	8	5	6	=				
		+						+							+					+		
			4	6	2	+		8	4	0	6	+		6	7	1	9	=				
					+						+											

Rechne schriftlich auf einem separaten Blatt Papier. Trage die Ergebnisse hier ein.

102 365 − 73 598 =
213 651 − 196 824 =
462 371 − 88 627 =
562 148 − 487 326 =
802 713 − 48 963 − 198 627 =
723 156 − 79 257 − 245 378 =

** Ergänze die fehlenden Zahlen.

3		8		2		1	7		5		8	9		6			0	0	0
+		9	4	1	+		5	8	9	7	−		3	7	4	−		4	2	9	1
		4		6	8		5		3	8		4		6	2	5		5	0	9

***

Andrea hat ein 6-stelliges Zahlenschloss für ihr Fahrrad. Sie hat aber dessen Code vergessen. Sie weiß nur noch, dass die erste Ziffer eine 3 und die letzte eine 0 ist; von den mittleren 4 Ziffern kommt dreimal die 5 vor.

Wie oft muss Andrea höchstens probieren, bis sie das Schloss öffnen kann?

SCHRIFTLICHE ADDITION UND SUBTRAKTION

Lernkontrolle 6B

* Rechne schriftlich (senkrecht hier und waagerecht auf einem separaten Blatt Papier).

1	3	2	8	6	+	2	8	4	5	9	+		1	2	7	8	=					
			+					+							+					+		
		7	9	6	8	+		7	5	2	9	+	1	3	5	6	4	=				
			+					+							+					+		
			2	6	8	1	+			3	5	6	+	1	7	6	9	2	=			
					+							+										

Rechne schriftlich auf einem separaten Blatt Papier. Trage die Ergebnisse hier ein.

105 345 − 82 643 = _____
316 251 − 98 758 = _____
523 137 − 489 329 = _____
111 111 − 88 888 = _____
901 234 − 56 278 − 248 569 = _____
765 032 − 86 274 − 365 891 = _____

** Ergänze die fehlenden Zahlen.

	4		2		9			1	7		5			7	8		2				0	0	0
+		8	5	6			+		6	5	8	3		−		2	6	5		−		6	6	6	6
		4		5	2				4		8	2			4	0	0	1			5		3	4

***

Martin hat ein 6-stelliges Zahlenschloss für sein Fahrrad. Er hat aber dessen Code vergessen. Er weiß nur noch, dass die ersten beiden Ziffern eine 5 und eine 6 sind; von den letzten 4 Ziffern kommt zweimal die 3 und zweimal die 0 vor.

Wie oft muss Martin höchstens probieren, bis er das Schloss öffnen kann?

_____

_____

SCHRIFTLICHE MULTIPLIKATION UND DIVISION

Lernkontrolle 7A

* Zuerst ein bisschen Kopfrechnen.

70 · 90 =	1800 : 30 =
600 · 40 =	56 000 : 800 =
3 · 8000 =	340 : 4 =
40 · 700 =	402 : 6 =
30 · 65 =	5040 : 9 =
600 · 14 =	1620 : 60 =
15 · 4000 =	3010 : 70 =
35 · 12 =	9720 : 3 =
14 · 65 =	3488 : 8 =
24 · 52 =	28 200 : 600 =

** Rechne schriftlich auf einem separaten Blatt
und trage die Ergebnisse anschließend hier ein.

7 · 14 067 =
6 · 13 568 =
85 · 9743 =
59 · 4768 =
47 · 8562 =
95 200 : 7 =
82 764 : 9 =
4947 : 17 =
73 675 : 35 =
35 154 : 42 =

*** Löse die Textaufgabe auf einem separaten Blatt und trage anschließend das
Ergebnis und den Antwortsatz hier ein.

Der Klassenlehrer fährt pro Arbeitstag 18,480 km mit dem Fahrrad. Er hat auch
nachmittags Unterricht und fährt zum Mittagessen nach Hause. Wie weit ist sein
Schulweg?

SCHRIFTLICHE MULTIPLIKATION UND DIVISION

Lernkontrolle 7B

---

* Zuerst ein bisschen Kopfrechnen.

60 · 70 =		2400 : 80 =
700 · 80 =		49 000 : 70 =
5 · 6000 =		588 : 7 =
400 · 90 =		441 : 9 =
80 · 45 =		4320 : 8 =
17 · 600 =		30 000 : 40 =
3000 · 18 =		13 500 : 30 =
64 · 12 =		4170 : 6 =
17 · 57 =		940 : 4 =
24 · 72 =		14 400 : 800 =

** Rechne schriftlich auf einem separaten Blatt und trage die Ergebnisse anschließend hier ein.

7 · 13 098 =
4 · 29 654 =
67 · 1896 =
29 · 2387 =
38 · 6523 =
59 220 : 6 =
56 552 : 8 =
10 008 : 12 =
27 945 : 69 =
24 013 : 37 =

*** Löse die Textaufgabe auf einem separaten Blatt Papier und trage anschließend das Ergebnis und den Antwortsatz hier ein.

Martin kommt mit dem Fahrrad zur Schule. Sein Schulweg ist 3,240 km lang. Er hat auch nachmittags Unterricht und fährt zum Mittagessen nach Hause. Wie viele Kilometer fährt er jeden Dienstag insgesamt?

ZAHLEN RUNDEN

Lernkontrolle 8A

*

Runde auf Z.	Runde auf H.	Runde auf T.
473 ≈	18 378 ≈	41 198 ≈
8247 ≈	80 950 ≈	72 401 ≈
4095 ≈	7953 ≈	20 550 ≈
78 999 ≈	749 ≈	99 900 ≈

Runde auf ZT.	Runde auf HT.	Runde auf ganze Zahlen.
29 581 ≈	780 900 ≈	1,49 ≈
57 841 ≈	143 205 ≈	24,51 ≈
41 080 ≈	505 230 ≈	39,9 ≈

** Runde die folgenden Uhrzeiten auf ...

	08:17	17:42	11:36	03:52	15:23
... eine halbe Stunde					
... eine Viertelstunde					

Kreise alle Zahlen ein, die gerundet 5000 ergeben, wenn du auf T runden musst.

4502   5230   5510   4499   5499   4823   5369   5666

Schreibe jeweils die kleinste und die größte Zahl auf, die gerundet folgende Zahlen ergeben:

auf H gerundet	kleinste Zahl	größte Zahl	auf T gerundet	kleinste Zahl	größte Zahl
5000 ≈			6000 ≈		
4600 ≈			14 000 ≈		
13 800 ≈			38 000 ≈		
700 ≈			50 000 ≈		

*** Kontrolliere durch Schätzen, welche Ergebnisse falsch sind, und streiche diese durch.

56 · 98 = 5488
20 · 1247 = 27 940
18 · 409 = 9362
50 · 183 = 12 150

ZAHLEN RUNDEN

Lernkontrolle 8B

---

*

Runde auf Z.	Runde auf H.	Runde auf T.
568 ≈ _____	12 356 ≈ _____	29 921 ≈ _____
3544 ≈ _____	60 523 ≈ _____	65 499 ≈ _____
6995 ≈ _____	8892 ≈ _____	19 500 ≈ _____
35 698 ≈ _____	351 ≈ _____	89 628 ≈ _____

Runde auf ZT.	Runde auf HT.	Runde auf ganze Zahlen.
25 326 ≈ _____	625 345 ≈ _____	13,501 ≈ _____
54 865 ≈ _____	346 685 ≈ _____	36,48 ≈ _____
63 001 ≈ _____	150 032 ≈ _____	3,3 ≈ _____

** Runde die folgenden Uhrzeiten auf ...

	07:13	15:45	10:22	14:53	00:08
... eine halbe Stunde					
... eine Viertelstunde					

Kreise alle Zahlen ein, die gerundet 8000 ergeben, wenn du auf T runden musst.

7365   8499   7501   7499   8621   7621   8326   8502

Schreibe jeweils die kleinste und die größte Zahl auf, die gerundet folgende Zahlen ergeben:

auf H gerundet	kleinste Zahl	größte Zahl	auf T gerundet	kleinste Zahl	größte Zahl
7000 ≈			1000 ≈		
3500 ≈			35 000 ≈		
18 600 ≈			19 000 ≈		
900 ≈			70 000 ≈		

*** Kontrolliere durch Schätzen, welche Ergebnisse falsch sind, und streiche diese durch.

40 · 504 = 20 160
88 · 904 = 34 132
24 · 25 = 650
30 · 974 = 29 220

RECHNEN MIT BRÜCHEN

Lernkontrolle 9A

---

* Gib die folgenden Größen in einer kleineren Maßeinheit an.

$\frac{1}{2}$ € = _____ $\frac{1}{10}$ h = _____ $\frac{1}{8}$ kg = _____

$\frac{1}{4}$ km = _____ $\frac{2}{3}$ d = _____ $\frac{1}{20}$ t = _____

Schreibe als Bruch in einer größeren Maßeinheit.

25 ct = _____   6 h = _____   500 g = _____

125 m = _____   20 s = _____   400 kg = _____

Wo steht der Nenner eines Bruches und was bedeutet er?

_____

** Bestimme die Ergebnisse zuerst mit Zwischenergebnis, in der zweiten Tabelle dann direkt. Beschrifte auch die Pfeile.

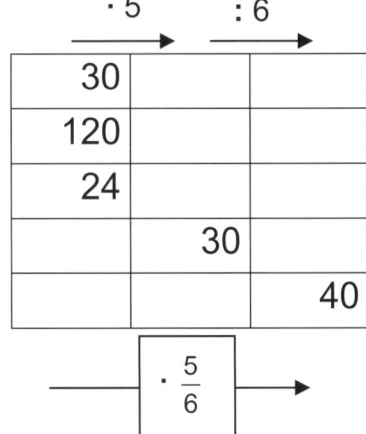
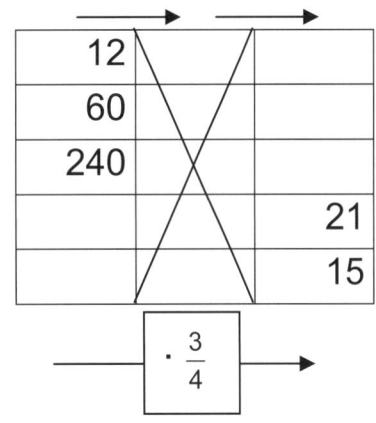

*** Welche der 12 Strecken sind gleich lang? Kreise sie ein.

0,25 km $\frac{1}{4}$ km   0,250 km $\frac{2}{8}$ m $\frac{25}{100}$ km $\frac{1}{4}$ cm

$\frac{3}{16}$ km $\frac{2}{8}$ km   25 cm   0,025 km   2500 dm   250 m

Rechne die Ergebnisse aus, indem du die Bruchteile in kleinere Maßeinheiten umwandelst.

$\frac{1}{2}$ kg + $\frac{1}{4}$ kg = _____ g $\frac{1}{4}$ d + $\frac{1}{6}$ d + $\frac{1}{2}$ d = _____ h

2 € − $\frac{1}{5}$ € = _____ € ct   1 m − $\frac{1}{20}$ m − $\frac{1}{5}$ m = _____ cm

RECHNEN MIT BRÜCHEN

Lernkontrolle 9B

* Gib die folgenden Größen in einer kleineren Maßeinheit an.

$\frac{1}{2}$ d = _____ $\frac{1}{10}$ kg = _____ $\frac{1}{8}$ t = _____

$\frac{1}{4}$ dm = _____ $\frac{3}{5}$ € = _____ $\frac{1}{20}$ hl = _____

Schreibe als Bruch in einer größeren Maßeinheit.

250 g = _____   10 s = _____   75 l = _____

20 min = _____   60 ct = _____   30 cm = _____

Wo steht der Zähler eines Bruches und was bedeutet er?

** Bestimme die Ergebnisse zuerst mit Zwischenergebnis, in der zweiten Tabelle dann direkt. Beschrifte auch die Pfeile.

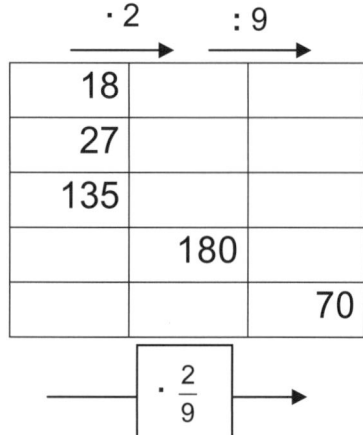
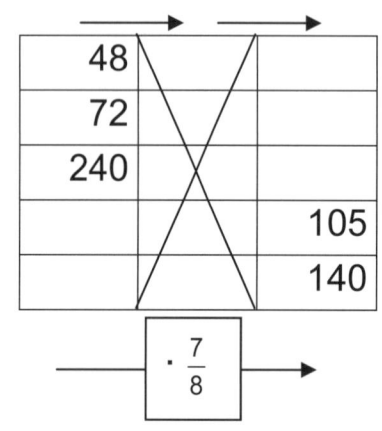

*** Welche der 12 Gewichte sind gleich schwer? Kreise sie ein.

0,20 kg $\frac{1}{5}$ kg   0,200 kg $\frac{2}{10}$ g $\frac{20}{100}$ kg $\frac{1}{4}$ kg

$\frac{4}{8}$ kg $\frac{2}{10}$ kg   20 g   0,020 kg   2 t   200 g

Rechne die Ergebnisse aus, indem du die Bruchteile in kleinere Maßeinheiten umwandelst.

$\frac{1}{5}$ hl + $\frac{1}{4}$ hl = _____ l $\frac{1}{8}$ d + $\frac{1}{6}$ d + $\frac{1}{4}$ d = _____ h

1 t − $\frac{3}{8}$ t = _____ kg   1 km − $\frac{3}{10}$ km − $\frac{1}{4}$ km = _____ m

DEZIMALBRÜCHE

Lernkontrolle 10A

* Zähle in Zehntelschritten weiter.

5,5	5,6	5,7						

Zähle in Hundertstelschritten weiter.

7,96	7,97	7,98						

Zähle in Tausendstelschritten weiter.

3,985	3,986	3,987						

Gegeben ist die Zahl 51,3084. Beantworte folgende Fragen zu dieser Zahl.

a) Was bedeutet die Ziffer 3? _____
b) Welche Ziffer steht für die Tausendstel? _____
c) Was bedeutet die Ziffer 5? _____
d) Wie heißt die neue Zahl, wenn du 2 Einer addierst? _____
e) Wie viele Hundertstel hat die Zahl? _____

** Vergleiche jeweils die beiden Dezimalbrüche miteinander und setze passende Zeichen (<, =, >).

0,5 ☐ 0,05   1,017 ☐ 10,17   0,010 ☐ 0,10

11,2 ☐ 11,20   2,56 ☐ 2,560   1,502 ☐ 1,520

12,5 ☐ 15,2   0,8 ☐ 8,0   6,3 ☐ 6,29

Ergänze oder vermindere jeweils auf 1.

0,88 + _____ = 1   2,003 − _____ = 1

1,02 − _____ = 1   0,199 + _____ = 1

0,06 + _____ = 1   1,205 − _____ = 1

*** Rechne schriftlich auf einem separaten karierten Blatt Papier. Achte dabei darauf, dass du die Zahlen richtig untereinander schreibst.
Übertrage die Ergebnisse auf dieses Blatt Papier.

58,097 + 7,46 + 131,8 = _____

321 − 23,65 − 128,024 = _____

1,265 + 23,5 + 33,79 = _____

132,2 − 1,33 − 48,624 = _____

DEZIMALBRÜCHE

Lernkontrolle 10B

* Zähle in Zehntelschritten weiter.

4,6	4,7	4,8						

Zähle in Hundertstelschritten weiter.

2,67	2,68	2,69						

Zähle in Tausendstelschritten weiter.

7,995	7,996	7,997						

Gegeben ist die Zahl 63,071. Beantworte folgende Fragen zu dieser Zahl.

a) Was bedeutet die Ziffer 3?

b) Welche Ziffer steht für die Zehntel?

c) Was bedeutet die Ziffer 1?

d) Wie heißt die neue Zahl, wenn du 2 Zehner addierst?

e) Wie viele Hundertstel hat die Zahl?

** Vergleiche jeweils die beiden Dezimalbrüche miteinander und setze passende Zeichen (<, =, >).

2,0 ☐ 0,2	2,032 ☐ 20,32	0,101 ☐ 0,110
63,2 ☐ 63,200	3,45 ☐ 3,450	2,306 ☐ 2,360
14,6 ☐ 16,4	2,01 ☐ 2,10	7,5 ☐ 7,499

Ergänze oder vermindere jeweils auf 1.

0,52 + _____ = 1   3,102 – _____ = 1

1,09 – _____ = 1   0,234 + _____ = 1

0,004 + _____ = 1   1,956 – _____ = 1

*** Rechne schriftlich auf einem separaten karierten Blatt Papier. Achte dabei darauf, dass du die Zahlen richtig untereinander schreibst.
Übertrage die Ergebnisse auf dieses Blatt Papier.

23,541 + 8,65 + 137,9 = _____

236,001 – 84,3 – 71 = _____

2,345 + 62,1 + 74,95 = _____

304,2 – 4,85 – 24,165 = _____

GRÖSSEN UMFORMEN

Lernkontrolle 11A

* Vervollständige die Tabellen (graue Felder nicht ausfüllen).

Bruch	kleinere Maßeinheit	Dezimalbruch
$\frac{1}{5}$ cm	2 mm	0,2 cm
		0,008 kg
	25 ct	
$\frac{3}{8}$ t		
	4 min	

Bruch	kleinere Maßeinheit	Dezimalbruch
	20 m	
	6 dl	
$\frac{2}{3}$ d		
	4 l	
		0,35 €

** Fülle auch diese Tabellen richtig aus.

große und kleine Einheit		Dezimalbruch
3 km 7 m	=	
9 kg 30 g	=	
4 € 15 ct	=	
4 hl 6 l	=	
5 m 2 cm	=	
7 t 60 kg	=	
	=	3,75 €
	=	7,9 hl
	=	3,65 t

große und kleine Einheit		Dezimalbruch
	=	4,05 km
	=	3,05 €
	=	6,7 l

*** Schreibe Rechnung und Antwortsatz auf ein separates Blatt Papier.

Frau Meier geht mit ihrem 700 g schweren Korb einkaufen: 0,34 kg Hackfleisch, 450 g Käse, $\frac{1}{10}$ kg Champignons, 0,05 kg Speck, $\frac{1}{2}$ kg Kaffee, $\frac{1}{4}$ kg Brot und 0,74 kg Karotten. Wie schwer ist ihr Korb nach dem Einkauf?

Der Apotheker füllt 3,2 l Hustentropfen ab: $\frac{1}{4}$ davon in 20-ml-Fläschchen und den Rest in 30-ml-Fläschchen. Wie viele Fläschchen braucht er insgesamt?

GRÖSSEN UMFORMEN

Lernkontrolle 11B

---

* Vervollständige die Tabellen (graue Felder nicht ausfüllen).

Bruch	kleinere Maßeinheit	Dezimalbruch
$\frac{1}{4}$ dm	25 mm	0,25 dm
		0,050 kg
	20 ct	
$\frac{5}{8}$ km		
	12 min	

Bruch	kleinere Maßeinheit	Dezimalbruch
	250 kg	
	8 dl	
$\frac{1}{6}$ d		
	75 l	
		0,45 €

** Fülle auch diese Tabellen richtig aus.

große und kleine Einheit		Dezimalbruch
5 km 60 m	=	
3 kg 8 g	=	
8 € 20 ct	=	
7 hl 3 l	=	
9 m 55 cm	=	
6 t 8 kg	=	
	=	9,05 €
	=	6,04 hl
	=	8,72 t

große und kleine Einheit		Dezimalbruch
	=	7,5 km
	=	5,033 kg
	=	5,1 l

*** Schreibe Rechnung und Antwortsatz auf ein separates Blatt Papier.

Martin packt seine 720 g schwere Sporttasche fürs Training: Schlittschuhe 2,06 kg, Helm $\frac{3}{5}$ kg, Hockeystock 0,8 kg und Kleider 3 kg 30 g.
Wie viel wiegt Martins gepackte Tasche?

Der Apotheker füllt 4,2 l Hustentropfen ab: $\frac{2}{7}$ davon in 20-ml-Fläschchen und den Rest in 50-ml-Fläschchen. Wie viele Fläschchen braucht er insgesamt?

PROPORTIONALITÄT 1

Lernkontrolle 12A

* *Ergänze die Tabellen.*

Farbstifte

Anzahl	Schachteln
12	1
	6
144	
264	
	30

Birnen

Gewicht in kg	Preis
2	
4	8 €
16	
	48 €
50	

Nägel

Anzahl	Schachteln
50	1
	4
600	
1200	
	70

** *Berechne das Pfannkuchenrezept für die folgenden Personenanzahlen.*

	4 Pers.	6 Pers.	2 Pers.	10 Pers.	5 Pers.
Mehl	200 g				
Salz	1 TL*				
Eier	4				
Wasser	200 ml				
Milch	200 ml				

* TL bedeutet Teelöffel.

*** *Berechne jeweils die fehlenden Angaben.*

Familie Frei will im Haus neue Bodenplatten legen lassen. Ein Arbeiter braucht dafür 6 Tage (à 8 h).

Anzahl Arbeiter	1	2	8				16
Arbeitszeit	6 d			4 h	$1\frac{1}{2}$ d	2 h	

Peter und Maja kaufen Kaugummis.

Kaugummi	1	3	9	12	18	
Preis			0,45 €			2,25 €

Für das Aufräumen eines Waldstückes rechnet das Forstamt mit 180 Arbeitsstunden.

Arbeiter	1	2	4	12	30		
Stunden	180 h					18 h	2 h

PROPORTIONALITÄT 1

Lernkontrolle 12B

---

* Ergänze die Tabellen.

Filzstifte

Anzahl	Schachteln
15	1
	3
225	
270	
	21

Pflaumen

Gewicht in kg	Preis
1	
4	8 €
20	
	42 €
72	

Schrauben

Anzahl	Schachteln
70	1
	4
1050	
560	
	34

** Berechne das Rezept „Nudeln alla Panna" für die folgenden Personenanzahlen.

	4 Pers.	6 Pers.	2 Pers.	12 Pers.	14 Pers.
Mehl	360 g				
Butter	20 g				
Sahne	240 ml				
Parmesan	50 g				
Salz	$\frac{1}{2}$ TL				

* TL bedeutet Teelöffel.

*** Berechne jeweils die fehlenden Angaben.

Familie Meyer möchte das Haus außen und innen neu streichen lassen. Ein Arbeiter braucht dafür 9 Tage (à 8 h).

Anzahl Arbeiter	1	4	12		36	
Arbeitszeit	9 d		12 h	4 h		$\frac{1}{2}$ h

Jannik und Sara kaufen Kaugummis.

Kaugummi	1	4	7	14	11	
Preis			0,49 €			2,45 €

Für das Aufräumen eines Waldstückes rechnet das Forstamt mit 240 Arbeitsstunden.

Arbeiter	1	3	12	24	40		
Stunden	240 h					24 h	4 h

PROPORTIONALITÄT 2

Lernkontrolle 13A

---

*   Rechne aus, wie lang die Seiten des neuen Rechtecks und dessen innere Seiten sind.

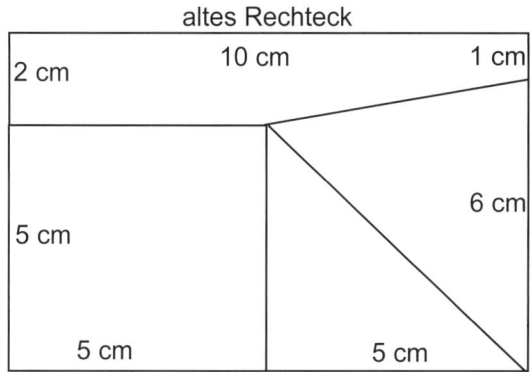

altes Rechteck	1 cm	2 cm	5 cm	6 cm	7 cm	10 cm
neues Rechteck				9 cm		

altes Rechteck	1 cm	2 cm	5 cm	6 cm	7 cm	10 cm
neues Rechteck		1 cm				

**   Löse die Textaufgaben auf einem separaten Blatt Papier. Schreibe Rechnung und Antwortsatz auf.

500 g Kalbfleisch kosten 4,50 Euro. Wie viel kosten 2,5 kg Kalbfleisch?

3 m Stoff kosten 16,20 Euro. Was kostet 1 m davon?

Ein Auto fährt in 10 Minuten 17 Kilometer weit. Wie weit fährt es in einer Stunde bei gleichbleibender Geschwindigkeit?

Eine Badewanne, die 200 l fasst, wird in 8 min gefüllt. Wie lange dauert es, bis die Badewanne zu $\frac{1}{10}$ gefüllt ist?

***   Löse diese Aufgaben auf einem separaten Blatt.

Die Mutter braucht 15 Minuten, um vier Fenster zu putzen; der Vater putzt in der gleichen Zeit fünf Fenster. Das Haus hat insgesamt 14 Fenster.
Wie viel länger braucht die Mutter als der Vater, um alle Fenster des Hauses zu putzen?

Mias 6 Hasen fressen zusammen pro Tag 450 g Karotten. Leider sterben zwei Hasen. Sie kauft sich aber danach nochmals vier.
Wie viele Karotten brauchen Mias Hasen jetzt pro Woche?

PROPORTIONALITÄT 2

Lernkontrolle 13B

* Rechne aus, wie lang die Seiten des neuen Rechtecks und dessen innere Seiten sind.

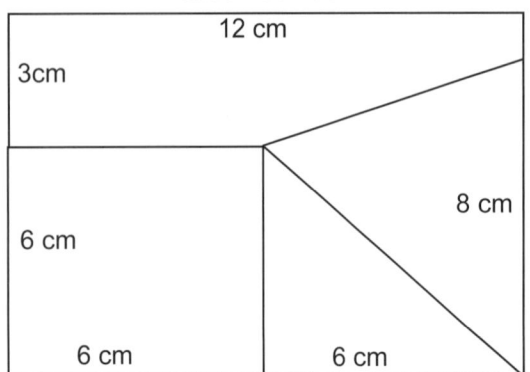

altes Rechteck	1 cm	3 cm	6 cm	8 cm	9 cm	12 cm
neues Rechteck			9 cm			

altes Rechteck	1 cm	3 cm	6 cm	8 cm	9 cm	12 cm
neues Rechteck		1,2 cm				

** Löse die Textaufgaben auf einem separaten Blatt Papier. Schreibe Rechnung und Antwortsatz auf.

2,400 kg Salami kosten 48 Euro. Wie viel kosten 200 g Salami?

3 m Stoff kosten 4,60 Euro. Wie viel kosten 21 m davon?

Ein Auto fährt mit 120 km/h. Wie weit fährt es in 12 min?

Eine Badewanne, die 200 l fasst, soll gefüllt werden. In 48 s laufen 25 l Wasser hinein. Wie lange dauert es, bis die Badewanne voll ist?

*** Löse diese Aufgaben auf einem separaten Blatt Papier.

Die Mutter braucht 20 Minuten, um sechs Fenster zu putzen; der Vater putzt in der gleichen Zeit nur fünf Fenster. Das Haus hat insgesamt 18 Fenster.
Wie viel länger braucht der Vater als die Mutter, um alle Fenster des Hauses zu putzen?

Fabians acht Hasen fressen zusammen pro Tag 520 g Karotten. Leider sterben vier Hasen. Er kauft sich aber danach nochmals zwei.
Wie viele Karotten brauchen Fabians Hasen jetzt pro Woche?

ZEIT UND GESCHWINDIGKEIT

Lernkontrolle 14A

* Zeitpunkte und Zeitdauer berechnen. Ergänze die Tabelle.

Abfahrt	Fahrzeit	Ankunft
12.54 Uhr		13.31 Uhr
16.35 Uhr		02.21 Uhr
08.26 Uhr	2 h 45 min	
20.45 Uhr	4 h 30 min	
	1 h 56 min	11.25 Uhr
	8 h 47 min	00.07 Uhr

Wandle um.

12 s = _____ min $\qquad$ $\frac{2}{5}$ h = _____ min $\qquad$ $\frac{2}{3}$ J. = _____ Mt.

4 h = _____ d $\qquad$ $\frac{1}{8}$ d = _____ h $\qquad$ 75 min = _____ h

** Berechne die fehlenden Angaben zum Thema Geschwindigkeit.

Wer	Strecke	Zeit	Geschwindigkeit (km/h)
Motorrad	90 km		60 km/h
Schwan	20 km		50 km/h
Fahrrad	10 km	20 min	
Gepard	2 km	1 min	
Flusspferd		15 min	48 km/h
Strauß		10 min	72 km/h

*** Beantworte folgende Fragen zur oberen Geschwindigkeitstabelle.

Wie viele km/h ist das Flusspferd schneller oder langsamer als das Fahrrad?

Wie lange braucht der Gepard für 100 m?

Wie lange braucht das Motorrad für die angegebene Strecke, wenn es 40 km/h schneller fährt?

Welche Strecke legt der Strauß in 1 Minute zurück?

Wie lange braucht ein Schwan für 75 km?

ZEIT UND GESCHWINDIGKEIT

Lernkontrolle 14B

* Zeitpunkte und Zeitdauer berechnen. Ergänze die Tabelle.

Abfahrt	Fahrzeit	Ankunft
09.47 Uhr		10.15 Uhr
12.35 Uhr		20.02 Uhr
19.36 Uhr	4 h 36 min	
07.35 Uhr	5 h 56 min	
	3 h 57 min	00.12 Uhr
	9 h 18 min	12.05 Uhr

Wandle um.

15 s = _____ min $\frac{5}{6}$ h = _____ min $\frac{1}{12}$ J. = _____ Mt.

9 h = _____ d $\frac{3}{4}$ d = _____ h   70 min = _____ h

** Berechne die fehlenden Angaben zum Thema Geschwindigkeit.

Wer	Strecke	Zeit	Geschwindigkeit (km/h)
Auto	40 km		50 km/h
Stockente	26 km		104 km/h
Fahrrad	20 km	50 min	
Schwalbe	13 km	12 min	
Gazelle		20 min	75 km/h
Wolf		1 h 10 min	60 km/h

*** Beantworte folgende Fragen zur oberen Geschwindigkeitstabelle.

Wie viele km/h ist die Schwalbe schneller oder langsamer als das Auto? _____

Wie lange braucht das Fahrrad für 100 m? _____

Wie weit kommt die Gazelle in der angegebenen Zeit, wenn sie 6 km/h schneller rennt? _____

Welche Strecke legt der Wolf in 30 Sekunden zurück? _____

Wie lange braucht eine Stockente für 78 km? _____

ZAHLENSPIELE

Lernkontrolle 15A

---

* Jede der folgenden Zahlen erfüllt eine Bedingung.
Ergänze die Tabelle so, dass jede Bedingung für eine Zahl stimmt.
Zahlen: 343; 20; 92; 3,175; 24,5; 805; 8,46; 46,74; 923; 0,95

	Bedingung	Lösungszahl
a)	... hat gleich viele Hundertstel wie Zehner.	
b)	... hat 3-mal weniger Einer als Hunderter.	
c)	Wenn man $\frac{5}{100}$ zur Zahl addiert, erhält man 1.	
d)	... ist dasselbe wie 7 · 7 · 7.	
e)	... ist die Hälfte der Hälfte von 80.	
f)	... ist kleiner als 5, aber größer als die Hälfte von 4.	
g)	... hat halb so viele Zehntel wie Einer.	
h)	$\frac{1}{5}$ von ... ist 161.	
i)	... ergibt auf ganze Zahlen gerundet $\frac{1}{4}$ von 100.	
k)	Die Quersumme von ... ist 2.	

** In jeder Reihe sind zwei Paare und ein schwarzes Schaf. Streiche die schwarzen Schafe durch und kreise die Paare jeweils mit einer anderen Farbe ein.

a)	2 kg 40 g	2,4 kg	2,040 kg	2 kg 4 g	2 kg 400 g
b)	676 l	67,6 hl	6 hl 76 l	676 dl	67,6 l
c)	5,8 km	5800 m	5008 m	5,080 km	5 km 8 m
d)	75 mm	75 cm	7,5 dm	7,5 cm	7,5 m
e)	3,9 t	3 t 9 kg	3009 kg	3009 g	3900 kg

*** Magisches Quadrat: Du darfst die Ziffern von 1 bis 9 jeweils nur einmal verwenden und die Summe muss waagerecht, senkrecht und diagonal 15 ergeben.
Fülle die Quadrate richtig aus.

2		
	5	3

4		
	5	
	1	

ZAHLENSPIELE

Lernkontrolle 15B

* Jede der folgenden Zahlen erfüllt eine Bedingung.
  Ergänze die Tabelle so, dass jede Bedingung für eine Zahl stimmt.
  Zahlen: 492; 12,02; 1,5; 4,999; 131; 625; 26,489; 1,29; 30; 4,99

	Bedingung	Lösungszahl
a)	... hat gleich viele Einer wie Hundertstel.	
b)	... hat halb so viele Zehner wie Zehntel.	
c)	Wenn man $\frac{1}{1000}$ zur Zahl addiert, erhält man eine ganze Zahl.	
d)	... ist dasselbe wie 5 · 5 · 5 · 5.	
e)	... ist ein Drittel der Hälfte von 180.	
f)	... ist kleiner als 6, aber größer als die Hälfte von 6.	
g)	... hat halb so viele Einer wie Zehntel.	
h)	$\frac{1}{6}$ von ... ist 82.	
i)	... ergibt auf ganze Zahlen gerundet $\frac{1}{5}$ von 10.	
k)	Die Quersumme von ... ist 5.	

** In jeder Reihe sind zwei Paare und ein schwarzes Schaf. Streiche die schwarzen Schafe durch und kreise die Paare jeweils mit einer anderen Farbe ein.

a)	3 kg 500 g	3,05 kg	3050 g	3,5 kg	3kg 5g
b)	720 dm	7,2 m	72 mm	72 dm	7cm 2 mm
c)	904 l	9,4 hl	940 l	904 dl	9,04 hl
d)	5,6 km	5 km 6 m	5,06 km	5060 m	5,006 km
e)	8004 g	8004 kg	8,4 t	8t 4kg	8 t 400 kg

*** Magisches Quadrat: Du darfst die Ziffern von 1 bis 9 jeweils nur einmal verwenden und die Summe muss waagerecht, senkrecht und diagonal 15 ergeben.
Fülle die Quadrate richtig aus.

4		
	5	7

6		
	5	
		9

AUFGABEN ZU DEN SORTEN

Lernkontrolle 16A

---

* Ergänze die Tabelle, indem du die Wirklichkeit, die Vergrößerung oder die Verkleinerung berechnest. Schreibe jeweils in der größtmöglichen Maßeinheit.
Achtung: Beide Maßstabangaben sind auf die Wirklichkeit bezogen!

Wirklichkeit	1 : 4	6 : 1
3,2 cm		
1,4 dm		
	2,5 cm	
	15 m	
		7,2 km

Wirklichkeit	1 : 8	7 : 1
5,6 m		
1,04 dm		
	15 m	
	2,5 cm	
		11,2 km

** Löse die Textaufgaben auf einem separaten Blatt.

Familie Meier mietet für zwei Wochen ein Auto, das pro Tag 40 € kostet und zusätzlich pro gefahrenen Kilometer 20 ct.

Wie hoch wird die Rechnung, wenn Familie Meier in diesen zwei Wochen 1200 km fährt?

Wie viele Minuten hat der Monat April?
Freiwillig: Wie viele Sekunden hat der April?

Eine leere Kiste, die 2,4 kg wiegt, wird mit 120 Konservendosen gefüllt. Jetzt wiegt die gefüllte Kiste 32,4 kg.
Wie schwer ist eine Konservendose?

***

Herberts Auto braucht pro 100 km 8 l Benzin. Der Tank des Autos fasst 60 l.
a) Wie oft muss Herbert volltanken, wenn er pro Jahr 24 000 km fährt?
b) 1 l Benzin kostet 1,30 €. Wie viel Geld gibt Herbert pro Jahr für Benzin aus?

Herr Frei kauft ein neues Motorrad. Er fährt im ersten Jahr 1645 km, im zweiten Jahr doppelt so viele Kilometer wie im ersten Jahr und im dritten Jahr 495 km weniger als im zweiten Jahr. Danach verkauft er das Motorrad.
Wie viele Kilometer zeigt der Kilometerzähler an?

Ein Zug braucht 6 min, um durch einen 6,72 km langen Tunnel zu fahren.
a) Wie lang ist ein Tunnel, den der Zug mit gleicher Geschwindigkeit in 4 min durchfährt?
b) Wie hoch ist die Durchschnittsgeschwindigkeit (km/h) des Zuges?

AUFGABEN ZU DEN SORTEN

Lernkontrolle 16B

---

* Ergänze die Tabelle, indem du die Wirklichkeit, die Vergrößerung oder die Verkleinerung berechnest. Schreibe jeweils in der größtmöglichen Maßeinheit.
Achtung: Beide Maßstabangaben sind auf die Wirklichkeit bezogen!

Wirklichkeit	1 : 3	9 : 1
1,2 cm		
3,03 dm		
	2,4 cm	
	35 m	
		0,270 km

Wirklichkeit	1 : 7	5 : 1
4,9 m		
12,6 dm		
	1,5 cm	
	40 m	
		7 km

** Löse die Textaufgaben auf einem separaten Blatt.

Familie Müller mietet für drei Wochen ein Auto, das pro Tag 50 € kostet und zusätzlich pro gefahrenen Kilometer 20 ct.

Wie hoch wird die Rechnung, wenn Familie Müller in diesen drei Wochen 1800 km fährt?

Wie viele Minuten haben fünf Wochen?
Freiwillig: Wie viele Sekunden haben fünf Wochen?

Eine leere Kiste, die 3,4 kg wiegt, wird mit 150 Konservendosen gefüllt. Jetzt wiegt die gefüllte Kiste 36,4 kg.

Wie schwer ist eine Konservendose?

***

Melanies Auto braucht pro 100 km 9 l Benzin. Der Tank des Autos fasst 50 l.
a) Wie oft muss Melanie volltanken, wenn sie pro Jahr 25 000 km fährt?
b) 1 l Benzin kostet 1,30 €. Wie viel Geld gibt Melanie pro Jahr für Benzin aus?

Herr Muster kauft ein neues Motorrad. Er fährt im ersten Jahr 2876 km, im zweiten Jahr halb so viele Kilometer wie im ersten Jahr und im dritten Jahr 687 km mehr als im zweiten Jahr. Danach verkauft er das Motorrad.
Wie viele Kilometer zeigt der Kilometerzähler?

Ein Zug braucht 4 min, um durch einen 4,72 km langen Tunnel zu fahren.
a) Wie lang ist ein Tunnel, den der Zug mit gleicher Geschwindigkeit in 6 min durchfährt?
b) Wie hoch ist die Durchschnittsgeschwindigkeit (km/h) des Zuges?

ZAHLENRÄTSEL

Lernkontrolle 17A

Löse die folgenden Zahlenrätsel. Schreibe jeweils Rechnung und Antwortsatz auf. Nutze für schriftliche Rechnungen ein separates Blatt.

*

1) Wenn du von einer Zahl viermal 2365 subtrahierst, erhältst du 19 570.

2) Wenn du zur Hälfte einer Zahl 4889 addierst, erhältst du 7589.

3) Die gesuchte Zahl ist ein Drittel der Differenz von 100 000 und 10 468.

**

4) Das Sechsfache einer Zahl ist gleich groß wie die Summe von 12 795 und 20 205.

5) Ein Siebtel einer Zahl ist gleich groß wie das Vierfache von 4690.

***

6) Die Summe einer Zahl mit 13 560 ergibt das Produkt von 40 und 569.

7) Wenn du die Hälfte einer Zahl drittelst, erhältst du das Vierfache von 120.

8) Wenn du das Achtfache einer Zahl viertelst, erhältst du 650 weniger als ein Fünftel von 4600.

ZAHLENRÄTSEL

Lernkontrolle 17B

Löse die folgenden Zahlenrätsel. Schreibe jeweils Rechnung und Antwortsatz auf. Nutze für schriftliche Rechnungen ein separates Blatt.

*

1) Wenn du von einer Zahl sechsmal 1658 subtrahierst, erhältst du 38 740.

2) Wenn du zum Doppelten einer Zahl 6278 addierst, erhältst du 13 254.

3) Die gesuchte Zahl ist ein Viertel der Differenz von 110 000 und 18 644.

**

4) Das Achtfache einer Zahl ist gleich groß wie die Summe von 15 625 und 22 775.

5) Ein Sechstel einer Zahl ist gleich groß wie das Fünffache von 2670.

***

6) Die Differenz einer Zahl mit 18 560 ergibt das Produkt von 30 und 849.

7) Wenn du ein Drittel einer Zahl halbierst, erhältst du ein Fünftel von 1650.

8) Wenn du das Neunfache einer Zahl drittelst, erhältst du 730 weniger als ein Viertel von 4600.

Lösungen zu Lernkontrolle 1B

* *Ergänze die Zahlenmauern.*

			3122		
		1561		1561	
	657		904		657
	205	452		452	205
57		148		148		57

Rechne mit Multiplikations- und Divisionsoperatoren. Beschrifte auch die Pfeile. Trage deine Ergebnisse hier ein.

: 6 →		: 8 →		· 4 →		· 9 →
384		64	8	7	28	252
672		112	14	24	96	864
1056		176	22	130	520	4680
1920		320	40	80	320	2880
↓ · 6		↓ · 8		↓ : 4		↓ : 9

** *Rechne schriftlich auf einem separaten karierten Blatt. Trage die Ergebnisse hier ein.*

2684 + 6947 = **9631**

5968 + 587 + 64 + 1956 = **8575**

8912 − 6923 = **1989**

9134 − 89 − 347 − 1628 = **7070**

5 · 1689 = **8445**   2091 : 3 = **697**

7 · 2543 = **17 801**   3402 : 9 = **378**

*** *Wie heißt die gesuchte Zahl? (Lösungsweg aufschreiben!)*
Wenn man 7 von ihr abzieht, erhält man das Sechsfache von 14.

6 · 14 = **84**   84 + 7 = **91**

Das Doppelte von 36 ist erst ein Drittel der gesuchten Zahl.

2 · 36 = **72**   72 · 3 = **216**

Lösungen zu Lernkontrolle 1A

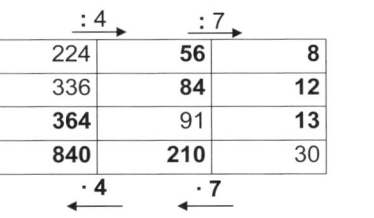

* *Ergänze die Zahlenmauern.*

			2466		
		1233		1233	
	547		686		547
	204	343		343	204
68		136		136		68

Rechne mit Multiplikations- und Divisionsoperatoren. Beschrifte auch die Pfeile. Trage deine Ergebnisse hier ein.

: 4 →		: 7 →		· 3 →		· 8 →
224		56	8	8	24	192
336		84	12	27	81	648
364		91	13	120	360	2880
840		210	30	180	540	4320
↓ · 4		↓ · 7		↓ : 3		↓ : 8

** *Rechne schriftlich auf einem separaten karierten Blatt. Trage die Ergebnisse hier ein.*

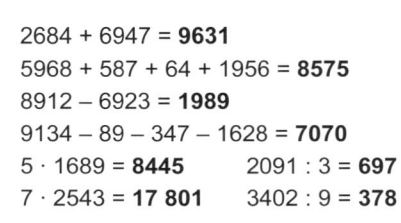

3674 + 5498 = **9172**

6254 + 89 + 346 + 2756 = **9445**

9213 − 4658 = **4555**

8324 − 637 − 64 − 1279 = **6344**

6 · 2687 = **16 122**   3408 : 4 = **852**

9 · 1374 = **12 366**   3008 : 8 = **376**

*** *Wie heißt die gesuchte Zahl? (Lösungsweg aufschreiben!)*
Wenn man 9 von ihr abzieht, erhält man das Vierfache von 13.

4 · 13 = **52**   52 + 9 = **61**

Das Dreifache von 12 ist erst die Hälfte der gesuchten Zahl.

3 · 12 = **36**   36 · 2 = **72**

BRUCHTEILE ERKENNEN UND DARSTELLEN

Lösungen zu Lernkontrolle 2B

* *Was für Bruchteile stellen die grauen Flächen dar?*

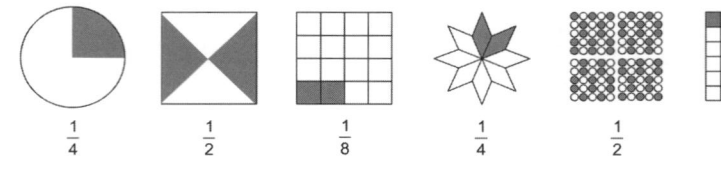

$\frac{1}{4}$ $\frac{1}{2}$ $\frac{1}{8}$ $\frac{1}{4}$ $\frac{1}{2}$ $\frac{1}{6}$

Zeichne die folgenden Bruchteile in die Kreise ein.

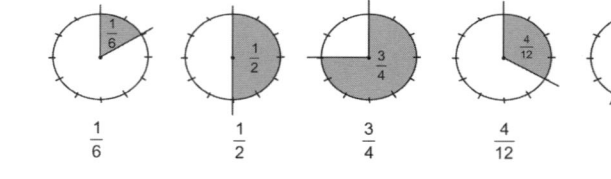

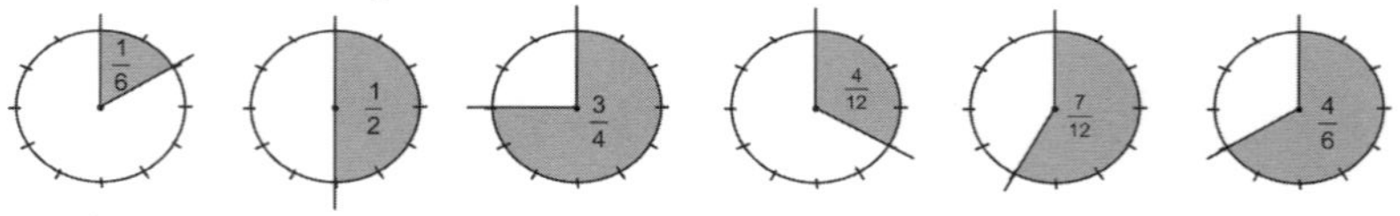

$\frac{1}{6}$ $\frac{1}{2}$ $\frac{3}{4}$ $\frac{4}{12}$ $\frac{7}{12}$ $\frac{4}{6}$

** *Jede graue Fläche stellt einen Bruchteil eines Ganzen dar. Ergänze jeden Teil zu einem möglichen Ganzen.*

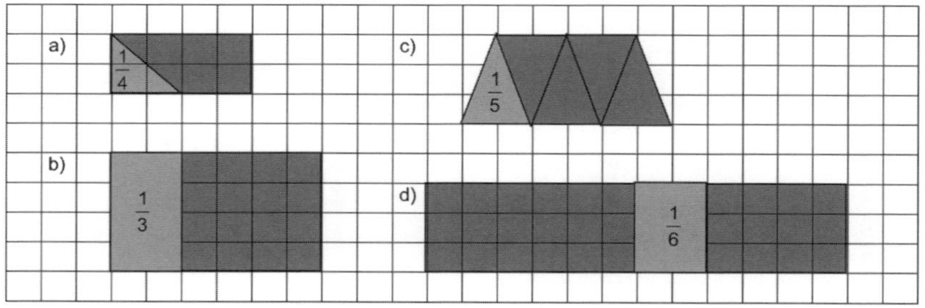

a) $\frac{1}{4}$ b) $\frac{1}{3}$ c) $\frac{1}{5}$ d) $\frac{1}{6}$

*** *Berechne jeweils das Ganze.*

5 Tage, das heißt $\frac{1}{3}$ der Ferienzeit, sind bereits vorbei.

5 · 3 = 15   Die Ferien dauern 15 Tage.

13 Schafe, das heißt $\frac{1}{6}$ der Schafherde, sind männlich.

13 · 6 = 78   Die Herde besteht aus 78 Schafen.

BRUCHTEILE ERKENNEN UND DARSTELLEN

Lösungen zu Lernkontrolle 2A

* *Was für Bruchteile stellen die grauen Flächen dar?*

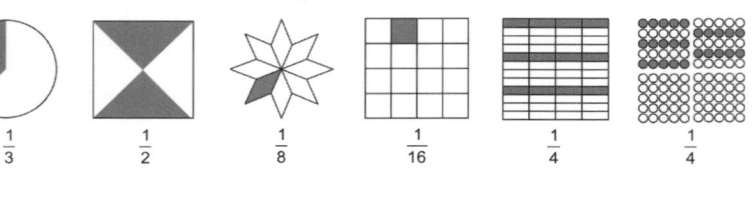

$\frac{1}{3}$ $\frac{1}{2}$ $\frac{1}{8}$ $\frac{1}{16}$ $\frac{1}{4}$ $\frac{1}{4}$

Zeichne die folgenden Bruchteile in die Kreise ein.

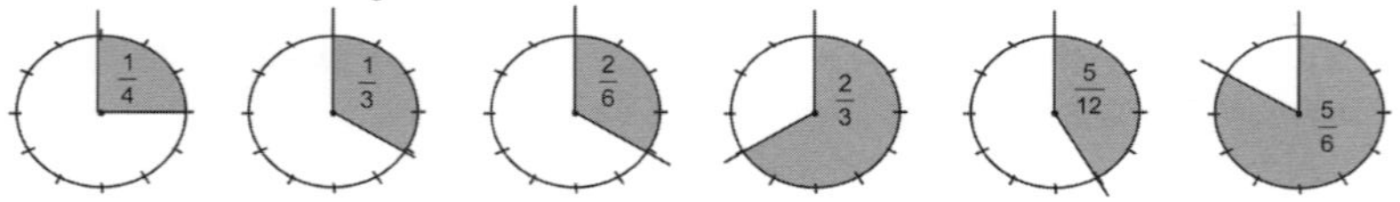

$\frac{1}{4}$ $\frac{1}{3}$ $\frac{2}{6}$ $\frac{2}{3}$ $\frac{5}{12}$ $\frac{5}{6}$

** *Jede graue Fläche stellt einen Bruchteil eines Ganzen dar. Ergänze jeden Teil zu einem möglichen Ganzen.*

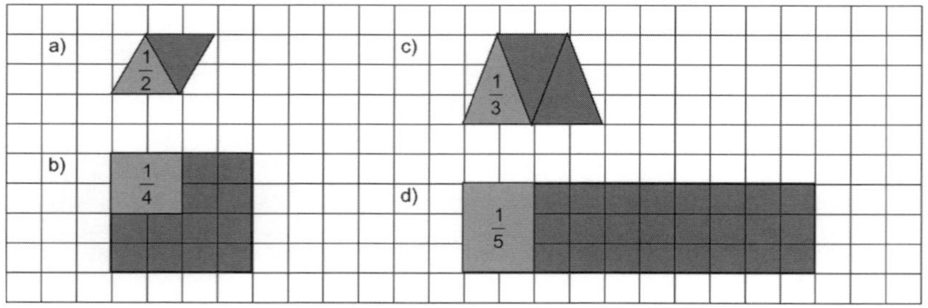

a) $\frac{1}{2}$ b) $\frac{1}{4}$ c) $\frac{1}{3}$ d) $\frac{1}{5}$

*** *Berechne jeweils das Ganze.*

3 Tage, das heißt $\frac{1}{4}$ der Ferienzeit, sind bereits vorbei.

3 · 4 = 12   Die Ferien dauern 12 Tage lang.

16 Blumenstöcke, das heißt $\frac{1}{3}$ aller Stöcke, müssen im Frühling ersetzt werden.

16 · 3 = 48   Im Ganzen sind es 48 Blumenstöcke.

Lösungen zu Lernkontrolle 3B

* Zeichne eine Grafik (Säulendiagramm) aus den folgenden Angaben auf ein kariertes Blatt Papier.

Name des Kindes	Gewicht
Bernadette	30 kg
Fabienne	28 kg
Mirko	32 kg
Luca	25 kg
Andrea	35 kg
Sandra	31 kg
Marco	29 kg
Lisa	38 kg

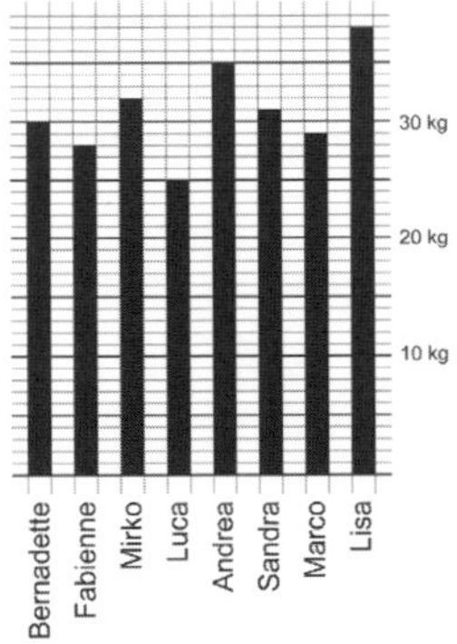

Wie schwer sind die Kinder im Durchschnitt? Schreibe Rechnung und Antwortsatz.

30 kg + 28 kg + 32 kg + 25 kg + 35 kg + 31 kg + 29 kg + 38 kg = 248 kg

248 kg : 8 = 31 kg   Die Kinder sind im Durchschnitt 31 kg schwer.

** Beantworte folgende Fragen zum Klimadiagramm von Lugano.

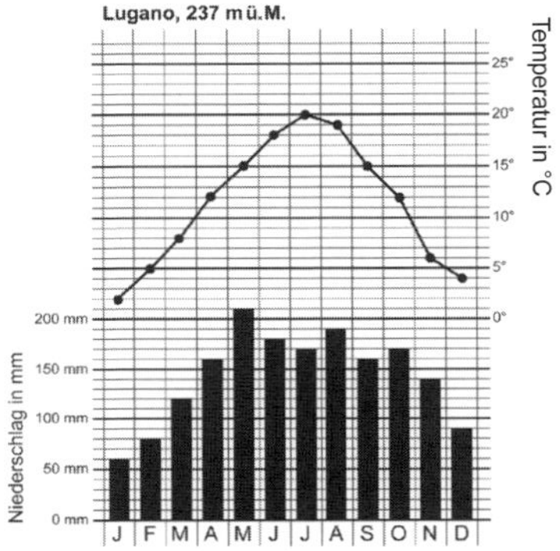

Wie viele Millimeter Niederschlag gab es im Mai?
210 mm

Wie warm war es im Dezember im Durchschnitt?
4° C

Wie viel regnete es in den Monaten März, April, Mai insgesamt?
490 mm

Wie warm war es im Durchschnitt im Herbst (S, O, N)? **11° C**

*** Beantworte diese zwei Fragen auf einem separaten Blatt.

Wie viel Niederschlag gab es im ganzen Jahr insgesamt?
1730 mm

Wie war die Durchschnittstemperatur der Monate April bis September?
16,5° C

Lösungen zu Lernkontrolle 3A

* Zeichne eine Grafik (Säulendiagramm) aus den folgenden Angaben auf ein kariertes Blatt Papier.

Name des Kindes	Dauer des Schulweges
Bernadette	5 min
Fabienne	7 min
Mirko	20 min
Luca	13 min
Andrea	9 min
Sandra	15 min
Marco	8 min

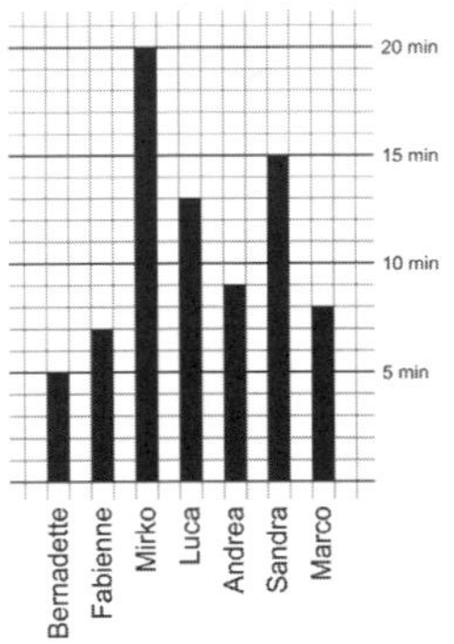

Wie lange dauert der Schulweg der Kinder im Durchschnitt? Schreibe Rechnung und Antwortsatz.

5 min + 7 min + 20 min + 13 min + 9 min + 15 min + 8 min = 77 min

77 min : 7 = 11 min   Im Durchschnitt dauert der Schulweg 11 Minuten.

** Beantworte folgende Fragen zum Klimadiagramm von Zermatt.

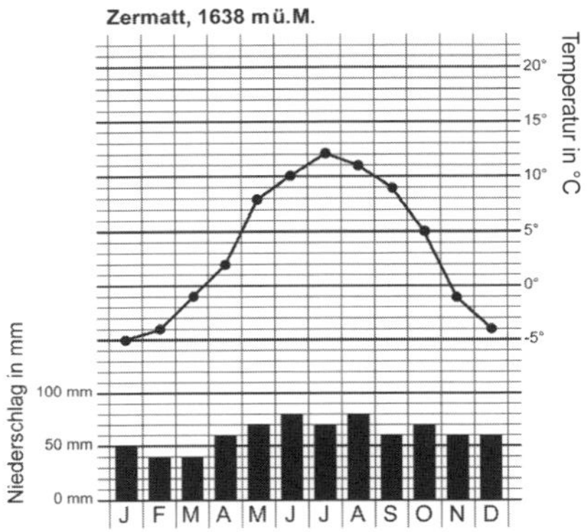

Wie viele Millimeter Niederschlag gab es im Oktober? **70 mm**

Wie warm war es im Juni im Durchschnitt?
10° C

Wie viel Niederschlag gab es in den ersten drei Monaten insgesamt?
130 mm

Wie warm war es im Durchschnitt im Sommer (J, J, A, S)?
10,5° C

*** Beantworte diese zwei Fragen auf einem separaten Blatt.

Wie viel Niederschlag gab es im ganzen Jahr insgesamt?
740 mm

Wie war die Durchschnittstemperatur der Monate Mai bis September?
10° C

ORIENTIERUNG IM ZAHLENRAUM BIS 100 000

Lösungen zu Lernkontrolle 4A

* *Lies die Zahlen und schreibe sie mit Ziffern.*

dreißigtausendvierhundertacht 30 408
vierundsechzigtausendfünfhundertsiebenundzwanzig 64 527
einhundertachttausendfünfhundertzwölf 108 512
sechzehntausendsiebenhundertneunundfünfzig 16 759
eine Million viertausendneun 1 004 009

Schreibe die Nachbarzahlen auf.

10 988	10 989	10 990	99 999	100 000	100 001
98 998	98 999	99 000	56 998	56 999	57 000
307 999	308 000	308 001	69 998	69 999	70 000
151 999	152 000	152 001	39 999	40 000	40 001

** *Du verwendest die Ziffern 2, 4, 5, 7, 9, um Zahlen nach den folgenden Kriterien zu bilden. Jede Ziffer darf pro Zahl höchstens 1-mal verwendet werden!*

a) Die größte 5-stellige Zahl — 97 542
b) Die kleinste 4-stellige Zahl — 2 457
c) Die größte ungerade Zahl — 97 425
d) Die Zahl, die am nächsten bei 40 000 ist — 42 579
e) Die größte Zahl, die durch 5 teilbar ist — 97 425
f) Die Zahl, die am nächsten bei 30 000 ist — 29 754
g) Die kleinste gerade Zahl — 25 794

*** *Suche die Regel und setze die Zahlenfolgen fort.*

a)	7 000	14 000	21 000	28 000	35 000	42 000
b)	81 000	75 000	69 000	63 000	57 000	51 000
c)	**17 000**	21 000	25 000	29 000	33 000	37 000
d)	18 400	18 900	19 400	19 900	20 400	20 900
e)	54 200	53 300	52 400	51 500	50 600	49 700
f)	**59 500**	60 300	61 100	61 900	62 700	63 500
g)	**19 995**	19 999	20 003	20 007	20 011	20 015

ORIENTIERUNG IM ZAHLENRAUM BIS 100 000

Lösungen zu Lernkontrolle 4B

* *Lies die Zahlen und schreibe sie mit Ziffern.*

fünfzigtausendsiebenhundertneun 50 709
dreiundachtzigtausendneunhundertvierzehn 83 914
zweihundertsechstausendvierhundertachtundzwanzig 206 428
neunundvierzigtausendsiebenhunderteins 49 701
eine Million elftausendelf 1 011 011

Schreibe die Nachbarzahlen auf.

9 999	10 000	10 001	99 099	99 100	99 101
77 998	77 999	78 000	50 998	50 999	51 000
708 009	708 010	708 011	48 799	48 800	48 801
169 999	170 000	170 001	29 999	30 000	30 001

** *Du verwendest die Ziffern 2, 3, 5, 6, 8, um Zahlen nach den folgenden Kriterien zu bilden. Jede Ziffer darf pro Zahl nur 1-mal verwendet werden!*

a) Die kleinste 5-stellige Zahl — 23 568
b) Die größte 4-stellige Zahl — 8 653
c) Die kleinste ungerade Zahl — 23 685
d) Die Zahl, die am nächsten bei 60 000 ist — 58 632
e) Die größte Zahl, die durch 5 teilbar ist — 86 325
f) Die Zahl, die am nächsten bei 24 000 ist — 23 865
g) Die größte ungerade Zahl — 86 523

*** *Suche die Regel und setze die Zahlenfolgen fort.*

a)	8 000	16 000	24 000	32 000	40 000	48 000
b)	43 000	36 000	29 000	22 000	15 000	8 000
c)	**58 000**	62 000	66 000	70 000	74 000	78 000
d)	28 500	28 900	29 300	29 700	30 100	30 500
e)	33 300	34 100	34 900	35 700	36 500	37 300
f)	**77 200**	78 100	79 000	79 900	80 800	81 700
g)	**69 994**	70 002	70 010	70 018	70 026	70 034

KOPFRECHNEN BIS 100 000

Lösungen zu Lernkontrolle 5A

* *Immer 100 000. Ergänze!*

4	+	**99 996**	=	100 000	
50	+	**99 950**	=	100 000	
600	+	**99 400**	=	100 000	
7 000	+	**93 000**	=	100 000	
80 000	+	**20 000**	=	100 000	

100 000	−	99 952	=	**48**
100 000	−	**12 000**	=	88 000
100 000	−	6 500	=	**93 500**
100 000	−	**99 700**	=	300
100 000	−	70	=	**99 930**

Verdopple!

33 330	33 333	60 606	50 550	100 101	200 202	400 404	360 360
66 660	**66 666**	**121 212**	**101 100**	**200 202**	**400 404**	**800 808**	**720 720**

Halbiere!

50 000	101 000	30 030	66 660	92 000	110 110	330 330	650 650
25 000	**50 500**	**15 015**	**33 330**	**46 000**	**55 055**	**165 165**	**325 325**

** *Ergänze die Zahlenmauer!*

		152 900		
	75 100		**77 800**	
42 300		**32 800**		45 000
27 300	15 000	**17 800**	**27 200**	**15 800**
18 700	8 600	**6 400**	**11 400**	11 400

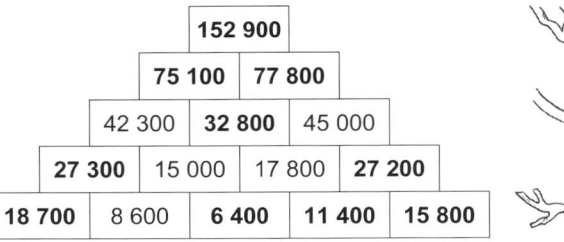

*** *Fülle die Tabelle aus.*

·	15	17	23	25	34	80	660
3	**45**	**51**	**69**	75	102	240	1 980
50	**7 50**	8 50	1 150	1 250	1 700	4 000	33 000
400	**6 000**	**6 800**	9 200	10 000	13 600	32 000	264 000
700	**10 500**	**11 900**	16 100	17 500	23 800	56 000	462 000

Lösungen zu Lernkontrolle 5B

* *Immer 100 000. Ergänze!*

5	+	**99 995**	=	100 000	
60	+	**99 940**	=	100 000	
700	+	**99 300**	=	100 000	
8 000	+	**92 000**	=	100 000	
90 000	+	**10 000**	=	100 000	

100 000	−	99 952	=	**48**
100 000	−	**32 000**	=	68 000
100 000	−	5 200	=	**94 800**
100 000	−	**99 300**	=	700
100 000	−	30	=	**99 970**

Verdopple!

22 220	22 222	50 505	60 606	102 201	202 222	444 444	480 480
44 440	**44 444**	**101 010**	**121 212**	**204 402**	**404 444**	**888 888**	**960 960**

Halbiere!

70 000	103 000	50 050	88 880	72 000	150 150	370 370	242 424
35 000	**51 500**	**25 025**	**44 440**	**36 000**	**75 075**	**185 185**	**121 212**

** *Ergänze die Zahlenmauer!*

		142 000		
	69 100		**72 900**	
38 200		**30 900**		42 000
22 200	16 000	**14 900**	**27 100**	
14 400	7 800	**8 200**	**6 700**	20 400

*** *Fülle die Tabelle aus.*

·	16	12	24	26	37	70	440
9	**144**	**108**	**216**	234	333	630	3 960
60	**960**	720	1 440	1 560	2 220	4 200	26 400
300	**4 800**	3 600	7 200	7 800	11 100	21 000	132 000
800	**12 800**	9 600	19 200	20 800	29 600	56 000	352 000

SCHRIFTLICHE ADDITION UND SUBTRAKTION

Lösungen zu Lernkontrolle 6A

* *Rechne schriftlich (senkrecht hier und waagerecht auf einem separaten Blatt Papier).*

	1		2	5	6	3	+	3	5	2	4	5	+	8	2	7	=	4	8	6	3	5
		+	8	9	3	7	+	9	4	6	7	+	1	7	8	5	=	3	6	2	6	0
		+	4	6	2	+	8	4	0	6	+	6	7	1	9	=	1	5	5	8	7
	2	1	9	6	2	+	5	3	1	1	8	+	2	5	4	0	2	=	1	0	0	4	8	2

Rechne schriftlich auf einem separaten Blatt Papier. Trage die Ergebnisse hier ein.

102 365 − 73 598 = **28 767**
213 651 − 196 824 = **16 827**
462 371 + 88 627 + 373 744
562 148 + 487 326 = **74 822**
802 713 − 198 627 = **555 123**
723 156 − 245 378 = **398 521**

** *Ergänze die fehlenden Zahlen.*

	3	4	8	5	2		1	7	4	8	5		8	9	3	6	6		1	0	0	0	0	0	0
	9	4	1	6	+	3	5	8	9	7	−	4	3	7	4	1	−	4	2	9	9	1
+	4	4	2	6	8		5	3	3	8	2		4	5	6	2	5		5	7	0	0	9

***

Andrea hat ein 6-stelliges Zahlenschloss für ihr Fahrrad. Sie hat aber dessen Code vergessen. Sie weiß nur noch, dass die erste Ziffer eine 3 und die letzte eine 0 ist; von den mittleren 4 Ziffern kommt dreimal die 5 vor.
Wie oft muss Andrea höchstens probieren, bis sie das Schloss öffnen kann?

Andrea muss höchstens 36 Mal probieren.

SCHRIFTLICHE ADDITION UND SUBTRAKTION

Lösungen zu Lernkontrolle 6B

* *Rechne schriftlich (senkrecht hier und waagerecht auf einem separaten Blatt Papier).*

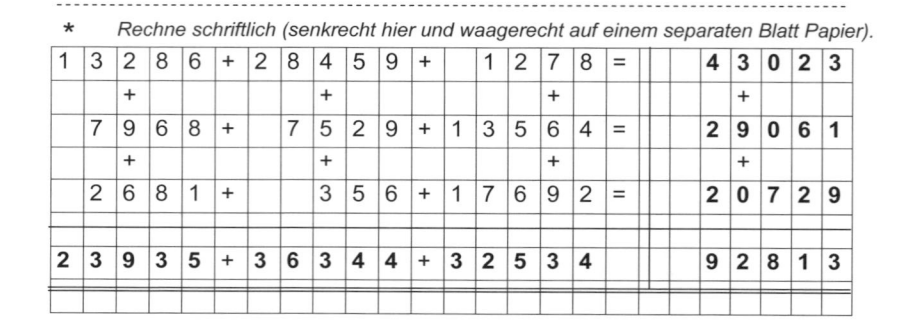

	1		3	2	8	6	+	2	8	4	5	9	+	1	2	7	8	=	4	3	0	2	3
		+	7	9	6	8	+	7	5	2	9	+	1	3	5	6	4	=	2	9	0	6	1
		+	2	6	8	1	+	3	5	6	+	1	7	6	9	2	=	2	0	7	2	9
	2		2	3	9	3	5	+	3	6	3	4	4	+	3	2	5	3	4	=	9	2	8	1	3

Rechne schriftlich auf einem separaten Blatt Papier. Trage die Ergebnisse hier ein.

105 345 − 82 643 = **22 702**
316 251 − 98 758 = **217 493**
523 137 + 489 329 + 33 808
111 111 − 88 888 = **22 223**
901 234 − 56 278 − 248 569 = **596 387**
765 032 − 86 274 − 365 891 = **312 867**

** *Ergänze die fehlenden Zahlen.*

	4	6	2	8	9		1	7	2	4	5		7	8	6	5	2		1	2	0	0	0	0	0
	8	5	6	3	+	2	6	5	8	3	−	3	2	6	5	1	−	6	6	6	6	6
+	5	4	8	5	2		4	3	8	2	8		4	6	0	0	1		5	3	3	3	4

***

Martin hat ein 6-stelliges Zahlenschloss für sein Fahrrad. Er hat aber dessen Code vergessen. Er weiß nur noch, dass die ersten beiden Ziffern eine 5 und eine 6 sind; von den letzten 4 Ziffern kommt zweimal die 3 und zweimal die 0 vor.
Wie oft muss Martin höchstens probieren, bis er das Schloss öffnen kann?

Martin muss höchstens 12 Mal probieren.

SCHRIFTLICHE MULTIPLIKATION UND DIVISION

Lösungen zu Lernkontrolle 7B

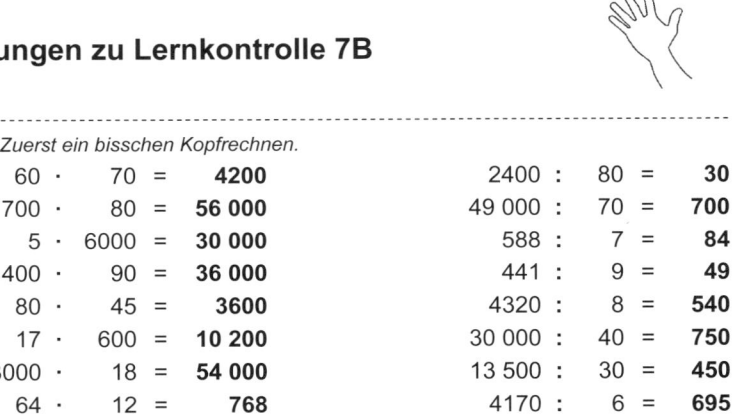

* *Zuerst ein bisschen Kopfrechnen.*

60 ·	70	=	**4200**	2400 :	80	=	**30**
700 ·	80	=	**56 000**	49 000 :	70	=	**700**
5 ·	6000	=	**30 000**	588 :	7	=	**84**
400 ·	90	=	**36 000**	441 :	9	=	**49**
80 ·	45	=	**3600**	4320 :	8	=	**540**
17 ·	600	=	**10 200**	30 000 :	40	=	**750**
3000 ·	18	=	**54 000**	13 500 :	30	=	**450**
64 ·	12	=	**768**	4170 :	6	=	**695**
17 ·	57	=	**969**	940 :	4	=	**235**
24 ·	72	=	**1728**	14 400 :	800	=	**18**

** *Rechne schriftlich auf einem separaten Blatt und trage die Ergebnisse anschließend hier ein.*

7 ·	13 098	=	**91 686**
4 ·	29 654	=	**118 616**
67 ·	1896	=	**127 032**
29 ·	2387	=	**69 223**
38 ·	6523	=	**247 874**
59 220 :	6	=	**9870**
56 552 :	8	=	**7069**
10 008 :	12	=	**834**
27 945 :	69	=	**405**
24 013 :	37	=	**649**

*** *Löse die Textaufgabe auf einem separaten Blatt und trage anschließend das Ergebnis und den Antwortsatz hier ein.*

Martin kommt mit dem Fahrrad zur Schule. Sein Schulweg ist 3,240 km lang. Er hat auch nachmittags Unterricht und fährt zum Mittagessen nach Hause. Wie viele Kilometer fährt er jeden Dienstag insgesamt?

3,240 km · 4 = 12,960 km

Am Dienstag fährt Martin insgesamt 12 km 960 m mit dem Fahrrad.

Lösungen zu Lernkontrolle 7A

* *Zuerst ein bisschen Kopfrechnen.*

70 ·	90	=	**6300**	1800 :	30	=	**60**
600 ·	40	=	**24 000**	56 000 :	800	=	**70**
3 ·	8000	=	**24 000**	340 :	4	=	**85**
40 ·	700	=	**28 000**	402 :	6	=	**67**
30 ·	65	=	**1950**	5040 :	9	=	**560**
600 ·	14	=	**8400**	1620 :	60	=	**27**
15 ·	4000	=	**60 000**	3010 :	70	=	**43**
35 ·	12	=	**420**	9720 :	3	=	**3240**
14 ·	65	=	**910**	3488 :	8	=	**436**
24 ·	52	=	**1248**	28 200 :	600	=	**47**

** *Rechne schriftlich auf einem separaten Blatt und trage die Ergebnisse anschließend hier ein.*

7 ·	14 067	=	**98 469**
6 ·	13 568	=	**81 408**
85 ·	9743	=	**828 155**
59 ·	4768	=	**281 312**
47 ·	8562	=	**402 414**
95 200 :	7	=	**13 600**
82 764 :	9	=	**9196**
4947 :	17	=	**291**
73 675 :	35	=	**2105**
35 154 :	42	=	**837**

*** *Löse die Textaufgabe auf einem separaten Blatt und trage anschließend das Ergebnis und den Antwortsatz hier ein.*

Der Klassenlehrer fährt pro Arbeitstag 18,480 km mit dem Fahrrad. Er hat auch nachmittags Unterricht und fährt zum Mittagessen nach Hause. Wie weit ist sein Schulweg?

18,480 km : 4 = 4,620 km

Der Schulweg des Lehrers ist 4 km 620 m lang.

ZAHLEN RUNDEN

Lösungen zu Lernkontrolle 8B

*

Runde auf Z.			Runde auf H.			Runde auf T.		
568	≈	570	12 356	≈	12 400	29 921	≈	30 000
3544	≈	3540	60 523	≈	60 500	65 499	≈	65 000
6995	≈	7000	8892	≈	8900	19 500	≈	20 000
35 698	≈	35 700	351	≈	400	89 628	≈	90 000

Runde auf ZT.			Runde auf HT.			Runde auf ganze Zahlen.		
25 326	≈	30 000	625 345	≈	600 000	13,501	≈	14
54 865	≈	50 000	346 685	≈	300 000	36,48	≈	36
63 001	≈	60 000	150 032	≈	200 000	3,3	≈	3

** Runde die folgenden Uhrzeiten auf ...

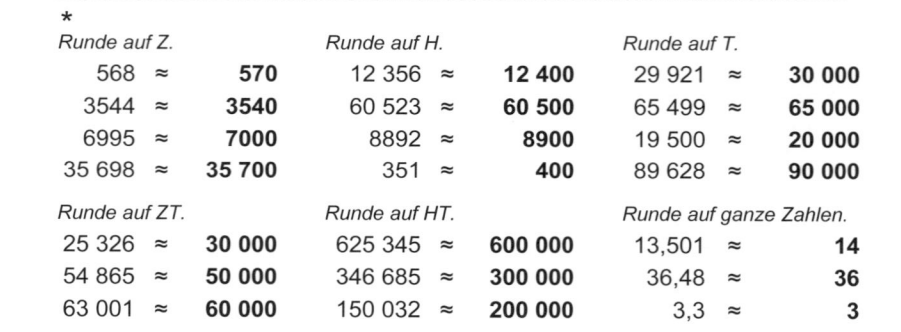

	07:13	15:45	10:22	14:53	00:08
... eine halbe Stunde	07:00	16:00	10:30	15:00	00:00
... eine Viertelstunde	07:15	15:45	10:15	15:00	00:15

Kreise alle Zahlen ein, die gerundet 8000 ergeben, wenn du auf T runden musst.

7365 8499 (7501) 7499 8621 (7621) 8326 8502

Schreibe jeweils die kleinste und die größte Zahl auf, die gerundet folgende Zahlen ergeben:

auf H gerundet	kleinste Zahl		größte Zahl	auf T gerundet	kleinste Zahl		größte Zahl
7000	6950	≈	7049	1000	500	≈	1499
3500	3450	≈	3549	35 000	34 500	≈	35 499
18 600	18 550	≈	18 649	19 000	18 500	≈	19 499
900	850	≈	949	70 000	69 500	≈	70 499

*** Kontrolliere durch Schätzen, welche Ergebnisse falsch sind, und streiche diese durch.

40 · 504 = 20 160
88 · 904 = ~~72 132~~
24 · 25 = ~~650~~
30 · 974 = 29 220

ZAHLEN RUNDEN

Lösungen zu Lernkontrolle 8A

*

Runde auf Z.			Runde auf H.			Runde auf T.		
473	≈	470	18 378	≈	18 400	41 198	≈	41 000
8247	≈	8250	80 950	≈	81 000	72 401	≈	72 000
4095	≈	4100	7953	≈	8000	20 550	≈	21 000
78 999	≈	79 000	749	≈	700	99 900	≈	100 000

Runde auf ZT.			Runde auf HT.			Runde auf ganze Zahlen.		
29 581	≈	30 000	780 900	≈	800 000	1,49	≈	1
57 841	≈	60 000	143 205	≈	100 000	24,51	≈	25
41 080	≈	40 000	505 230	≈	500 000	39,9	≈	40

** Runde die folgenden Uhrzeiten auf ...

	08:17	17:42	11:36	03:52	15:23
... eine halbe Stunde	08:30	17:30	11:30	04:00	15:30
... eine Viertelstunde	08:15	17:45	11:30	03:45	15:30

Kreise alle Zahlen ein, die gerundet 5000 ergeben, wenn du auf T runden musst.

(4502) 5230 5510 4499 (5499) (4823) 5369 5666

Schreibe jeweils die kleinste und die größte Zahl auf, die gerundet folgende Zahlen ergeben:

auf H gerundet	kleinste Zahl		größte Zahl	auf T gerundet	kleinste Zahl		größte Zahl
5000	4950	≈	5049	6000	5500	≈	6499
4600	4550	≈	4649	14 000	13 500	≈	14 499
13 800	13 750	≈	13 849	38 000	37 500	≈	38 499
700	650	≈	749	50 000	49 500	≈	50 499

*** Kontrolliere durch Schätzen, welche Ergebnisse falsch sind, und streiche diese durch.

56 · 98 = 5488
20 · 1247 = ~~27 940~~
18 · 409 = ~~9362~~
50 · 183 = ~~12 150~~

RECHNEN MIT BRÜCHEN

Lösungen zu Lernkontrolle 9A

* *Gib die folgenden Größen in einer kleineren Maßeinheit an.*

$\frac{1}{2}$ € = **50 ct** $\frac{1}{10}$ h = **6 min** $\frac{1}{8}$ kg = **125 g**

$\frac{1}{4}$ km = **250 m** $\frac{2}{3}$ d = **16 h** $\frac{1}{20}$ t = **50 kg**

Schreibe als Bruch in einer größeren Maßeinheit.

25 ct = $\frac{1}{4}$ €   6 h = $\frac{1}{4}$ d   500 g = $\frac{1}{2}$ kg

125 m = $\frac{1}{8}$ km   20 s = $\frac{1}{3}$ min   400 kg = $\frac{2}{5}$ t

Wo steht der Nenner eines Bruches und was bedeutet er?
Der Nenner steht unten und gibt den Namen des Bruchteils an.

** *Bestimme die Ergebnisse zuerst mit Zwischenergebnis, in der zweiten Tabelle dann direkt. Beschrifte auch die Pfeile.*

· 5	· 6			· 3	: 4		
30	150	25		12		9	
120	600	100		60		45	
24	120	20		240		180	
6	30	5		28		21	
48	240	40		20		15	

$\frac{5}{6}$ $\frac{3}{4}$

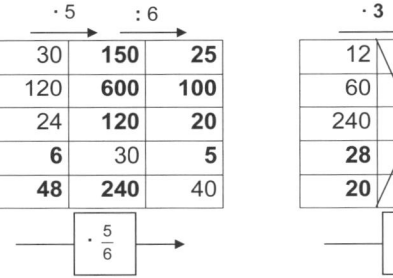

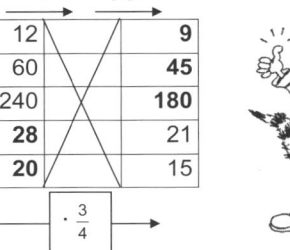

*** *Welche der 12 Strecken sind gleich lang? Kreise sie ein.*

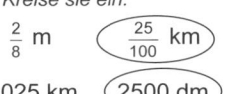

(0,25 km) $\frac{1}{4}$ km   (0,250 km) $\frac{2}{8}$ m   (2500 dm) $\frac{1}{4}$ cm

$\frac{3}{16}$ km $\frac{2}{8}$ km   25 cm   0,025 km $\frac{25}{100}$ km   250 m

Rechne die Ergebnisse aus, indem du die Bruchteile in kleinere Maßeinheiten umwandelst.

$\frac{1}{2}$ kg + $\frac{1}{4}$ kg = **750 g** $\frac{1}{4}$ d + $\frac{1}{6}$ d + $\frac{1}{2}$ d = **22 h**

2 € − $\frac{1}{5}$ € = **1 € 80 ct**   1 m − $\frac{1}{20}$ m − $\frac{1}{5}$ m = **75 cm**

RECHNEN MIT BRÜCHEN

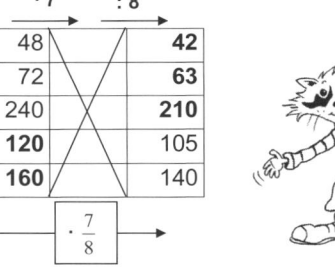

Lösungen zu Lernkontrolle 9B

* *Gib die folgenden Größen in einer kleineren Maßeinheit an.*

$\frac{1}{2}$ d = **12 h** $\frac{1}{10}$ kg = **100 g** $\frac{1}{8}$ t = **125 kg**

$\frac{1}{4}$ dm = **25 mm** $\frac{3}{5}$ € = **60 ct** $\frac{1}{20}$ hl = **5 l**

Schreibe als Bruch in einer größeren Maßeinheit.

250 g = $\frac{1}{4}$ kg   10 s = $\frac{1}{6}$ min   75 l = $\frac{3}{4}$ hl

20 min = $\frac{1}{3}$ h   60 ct = $\frac{3}{5}$ €   30 cm = $\frac{3}{10}$ m

Wo steht der Zähler eines Bruches und was bedeutet er?
Der Zähler steht oben und gibt die Anzahl der Bruchteile an.

** *Bestimme die Ergebnisse zuerst mit Zwischenergebnis, in der zweiten Tabelle dann direkt. Beschrifte auch die Pfeile.*

· 2	: 9			· 7	: 8		
18	36	4		48		42	
27	54	6		72		63	
135	270	30		240		210	
90	180	20		120		105	
315	630	70		160		140	

$\frac{2}{9}$ $\frac{7}{8}$

*** *Welche der 12 Gewichte sind gleich schwer? Kreise sie ein.*

(0,20 kg) $\frac{1}{5}$ kg   (0,200 kg) $\frac{2}{10}$ g   (20 g) $\frac{20}{100}$ kg   (2 t) $\frac{1}{4}$ kg

$\frac{4}{8}$ kg $\frac{2}{10}$ kg   (45 l)   (0,020 kg)   (200 g)

Rechne die Ergebnisse aus, indem du die Bruchteile in kleinere Maßeinheiten umwandelst.

$\frac{1}{5}$ hl + $\frac{1}{4}$ hl = **45 l** $\frac{1}{8}$ d + $\frac{1}{6}$ d + $\frac{1}{4}$ d = **13 h**

1 t − $\frac{3}{8}$ t = **625 kg**   1 km − $\frac{3}{10}$ km − $\frac{1}{4}$ km = **450 m**

DEZIMALBRÜCHE

Lösungen zu Lernkontrolle 10A

* Zähle in Zehntelschritten weiter.

| 5,5 | 5,6 | 5,7 | 5,8 | 5,9 | 6,0 | 6,1 | 6,2 | 6,3 |

Zähle in Hundertstelschritten weiter.

| 7,96 | 7,97 | 7,98 | 7,99 | 8,0 | 8,01 | 8,02 | 8,03 | 8,04 |

Zähle in Tausendstelschritten weiter.

| 3,985 | 3,986 | 3,987 | 3,988 | 3,989 | 3,990 | 3,991 | 3,992 | 3,993 |

Gegeben ist die Zahl 51,3084. Beantworte folgende Fragen zu dieser Zahl.

a) Was bedeutet die Ziffer 3? **Zehntel**
b) Welche Ziffer steht für die Tausendstel? **8**
c) Was bedeutet die Ziffer 5? **Zehner**
d) Wie heißt die neue Zahl, wenn du 2 Einer addierst? **53,3084**
e) Wie viele Hundertstel hat die Zahl? **0**

** Vergleiche jeweils die beiden Dezimalbrüche miteinander und setze passende Zeichen (<, =, >).

0,5	**>**	0,05	1,017	**<**	10,17	0,010	**<**	0,10
11,2	**=**	11,20	2,56	**=**	2,560	1,502	**<**	1,520
12,5	**<**	15,2	0,8	**<**	8,0	6,3	**>**	6,29

Ergänze oder vermindere jeweils auf 1.

0,88 + **0,12** = 1   2,003 − **1,003** = 1
1,02 − **0,02** = 1   0,199 + **0,801** = 1
0,06 + **0,94** = 1   1,205 − **0,205** = 1

*** Rechne schriftlich auf einem separaten karierten Blatt Papier. Achte dabei darauf, dass du die Zahlen richtig untereinander schreibst.
Übertrage die Ergebnisse auf dieses Blatt.

58,097 + 7,46 + 131,8 = **197,357**
321,000 − 23,65 − 128,024 = **169,326**
1,265 + 23,5 + 33,79 = **58,555**
132,2 − 1,33 − 48,624 = **82,246**

DEZIMALBRÜCHE

Lösungen zu Lernkontrolle 10B

* Zähle in Zehntelschritten weiter.

| 4,6 | 4,7 | 4,8 | 4,9 | 5,0 | 5,1 | 5,2 | 5,3 | 5,4 |

Zähle in Hundertstelschritten weiter.

| 2,67 | 2,68 | 2,69 | 2,7 | 2,71 | 2,72 | 2,73 | 2,74 | 2,75 |

Zähle in Tausendstelschritten weiter.

| 7,995 | 7,996 | 7,997 | 7,998 | 7,999 | 8,0 | 8,001 | 8,002 | 8,003 |

Gegeben ist die Zahl 63,071. Beantworte folgende Fragen zu dieser Zahl.

a) Was bedeutet die Ziffer 3? **Einer**
b) Welche Ziffer steht für die Zehntel? **0**
c) Was bedeutet die Ziffer 1? **Tausendstel**
d) Wie heißt die neue Zahl, wenn du 2 Zehner addierst? **83,071**
e) Wie viele Hundertstel hat die Zahl? **7**

** Vergleiche jeweils die beiden Dezimalbrüche miteinander und setze passende Zeichen (<, =, >).

2,0	**>**	0,2	2,032	**<**	20,32	0,101	**<**	0,110
63,2	**=**	63,200	3,45	**=**	3,450	2,306	**<**	2,360
14,6	**<**	16,4	2,01	**<**	2,10	7,5	**>**	7,499

Ergänze oder vermindere jeweils auf 1.

0,52 + **0,48** = 1   3,102 − **2,102** = 1
1,09 − **0,09** = 1   0,234 + **0,766** = 1
0,004 + **0,996** = 1   1,956 − **0,956** = 1

*** Rechne schriftlich auf einem separaten karierten Blatt Papier. Achte dabei darauf, dass du die Zahlen richtig untereinander schreibst.
Übertrage die Ergebnisse auf dieses Blatt.

23,541 + 8,65 + 137,9 = **170,091**
236,001 − 84,3 − 71 = **80,701**
2,345 + 62,1 + 74,95 = **139,395**
304,2 − 4,85 − 24,165 = **275,185**

GRÖSSEN UMFORMEN

Lösungen zu Lernkontrolle 11B

* *Vervollständige die Tabellen (graue Felder nicht ausfüllen).*

Bruch	kleinere Maßeinheit	Dezimalbruch
$\frac{1}{4}$ t	250 kg	0,250 t
$\frac{4}{5}$ l	8 dl	0,8 l
$\frac{1}{6}$ d	**4 h**	
$\frac{3}{4}$ hl	75 l	0,75 hl
$\frac{9}{20}$ €	45 ct	0,45 €

** *Fülle auch diese Tabellen richtig aus.*

große und kleine Einheit		Dezimalbruch
7 km 500 m	=	7,5 km
5 kg 33 g	=	5,033 kg
5 l 1 dl	=	5,1 l

*** *Schreibe Rechnung und Antwortsatz auf ein separates Blatt Papier.*

Martin packt seine 720 g schwere Sporttasche fürs Training: Schlittschuhe 2,06 kg, Helm $\frac{3}{5}$ kg, Hockeystock 0,8 kg und Kleider 3 kg 30 g.
Wie viel wiegt Martins gepackte Tasche? **Martin muss 7,210 kg tragen.**

Der Apotheker füllt 4,2 l Hustentropfen ab: $\frac{2}{7}$ davon in 20-ml-Fläschchen und den Rest in 50-ml-Fläschchen. Wie viele Fläschchen braucht er insgesamt?
Der Apotheker braucht 120 Fläschchen.

GRÖSSEN UMFORMEN

Lösungen zu Lernkontrolle 11A

* *Vervollständige die Tabellen (graue Felder nicht ausfüllen).*

Bruch	kleinere Maßeinheit	Dezimalbruch
$\frac{1}{5}$ cm	2 mm	0,2 cm
$\frac{1}{125}$ kg	**8 g**	0,008 kg
$\frac{1}{4}$ €	25 ct	0,25 €
$\frac{3}{8}$ t	375 kg	0,375 t
$\frac{1}{15}$ h	4 min	

Bruch	kleinere Maßeinheit	Dezimalbruch
$\frac{1}{50}$ km	20 m	0,020 km
$\frac{6}{10}$ l	6 dl	0,6 l
$\frac{2}{3}$ d	**16 h**	
$\frac{1}{25}$ hl	4 l	0,04 hl
$\frac{7}{20}$ €	35 ct	0,35 €

** *Fülle auch diese Tabellen richtig aus.*

große und kleine Einheit		Dezimalbruch
3 km 7 m	=	**3,007 km**
9 kg 30 g	=	**9,030 kg**
4 € 15 ct	=	**4,15 €**
4 hl 6 l	=	**4,06 hl**
5 m 2 cm	=	**5,02 m**
7 t 60 kg	=	**7,06 t**
3 € 75 ct	=	3,75 €
7 hl 90 l	=	7,9 hl
3 t 650 kg	=	3,65 t

große und kleine Einheit		Dezimalbruch
4 km 50 m	=	4,05 km
3 € 5 ct	=	3,05 €
6 l 7 dl	=	6,7 l

*** *Schreibe Rechnung und Antwortsatz auf ein separates Blatt Papier.*

Frau Meier geht mit ihrem 700 g schweren Korb einkaufen: 0,34 kg Hackfleisch, 450 g Käse, $\frac{1}{10}$ kg Champignons, 0,05 kg Speck, $\frac{1}{2}$ kg Kaffee, $\frac{1}{4}$ kg Brot und 0,74 kg Karotten.
Wie schwer ist ihr Korb nach dem Einkauf? **Frau Meier muss 3,130 kg tragen.**

Der Apotheker füllt 3,2 l Hustentropfen ab: $\frac{1}{4}$ davon in 20-ml-Fläschchen und den Rest in 30-ml-Fläschchen. Wie viele Fläschchen braucht er insgesamt?
Der Apotheker braucht 120 Fläschchen.

PROPORTIONALITÄT 1

Lösungen zu Lernkontrolle 12A

* *Ergänze die Tabellen.*

Farbstifte

Anzahl	Schachteln
12	1
72	6
144	**12**
264	**22**
360	30

Birnen

Gewicht in kg	Preis
2	4 €
4	8 €
16	**32 €**
24	48 €
50	**100 €**

Nägel

Anzahl	Schachteln
50	1
200	4
600	**12**
1200	**24**
3500	70

** *Berechne das Pfannkuchenrezept für die folgenden Personenanzahlen.*

	4 Pers.	6 Pers.	2 Pers.	10 Pers.	5 Pers.
Mehl	200 g	**300 g**	**100 g**	**500 g**	**250 g**
Salz	1 TL	**1½ TL**	**½ TL**	**2½ TL**	**1¼ TL**
Eier	4	**6**	**2**	**10**	**5**
Wasser	200 ml	**300 ml**	**100 ml**	**500 ml**	**250 ml**
Milch	200 ml	**300 ml**	**100 ml**	**500 ml**	**250 ml**

*** *Berechne jeweils die fehlenden Angaben.*

Familie Frei will im Haus neue Bodenplatten legen lassen. Ein Arbeiter braucht dafür 6 Tage (à 8 h).

Anzahl Arbeiter	1	2	**4**	**8**	**12**	**16**
Arbeitszeit	6 d	**3 d**	1½ d	**6 h**	**4 h**	**3 h**

Peter und Maja kaufen Kaugummis.

Kaugummi	1	3	**9**	**12**	**18**	**45**
Preis	5 ct	**0,15 €**	0,45 €	**0,60 €**	**0,90 €**	2,25 €

Für das Aufräumen eines Waldstückes rechnet das Forstamt mit 180 Arbeitsstunden.

Arbeiter	1	**2**	**4**	**12**	30	**10**	**90**
Stunden	180 h	**90 h**	**45 h**	**15 h**	6 h	**18 h**	**2 h**

PROPORTIONALITÄT 1

Lösungen zu Lernkontrolle 12B

* *Ergänze die Tabellen.*

Filzstifte

Anzahl	Schachteln
15	1
45	3
225	**15**
270	**18**
315	21

Pflaumen

Gewicht in kg	Preis
1	**2 €**
4	8 €
20	**40 €**
24	42 €
72	**144 €**

Schrauben

Anzahl	Schachteln
70	1
280	4
1050	**15**
560	**8**
2380	34

** *Berechne das Rezept „Nudeln alla Panna" für die folgenden Personenanzahlen.*

	4 Pers.	6 Pers.	2 Pers.	12 Pers.	14 Pers.
Mehl	360 g	**540 g**	**180 g**	**1.080 kg**	**1,260 kg**
Butter	20 g	**30 g**	**10 g**	**60 g**	**70 g**
Sahne	240 ml	**360 ml**	**120 ml**	**720 ml**	**840 ml**
Parmesan	50 g	**75 g**	**25 g**	**150 g**	**175 g**
Salz	½ TL	**¾ TL**	**¼ TL**	**1½ TL**	**1¾ TL**

*** *Berechne jeweils die fehlenden Angaben.*

Familie Meyer möchte das Haus außen und innen neu streichen lassen. Ein Arbeiter braucht dafür 9 Tage (à 8 h).

Anzahl Arbeiter	1	**4**	**12**	**6**	**18**	**36**	**144**
Arbeitszeit	9 d	**18 h**	**6 h**	**12 h**	**4 h**	**2 h**	**½ h**

Jannik und Sara kaufen Kaugummis.

Kaugummi	1	**4**	**7**	**14**	**11**	**35**
Preis	7 ct	**0,28 €**	**0,49 €**	**0,98 €**	**0,77 €**	2,45 €

Für das Aufräumen eines Waldstückes rechnet das Forstamt mit 240 Arbeitsstunden.

Arbeiter	1	3	**12**	24	40	**10**	**60**
Stunden	240 h	**80 h**	**20 h**	**10 h**	6 h	24 h	4 h

PROPORTIONALITÄT 2

Lösungen zu Lernkontrolle 13A

* Rechne aus, wie lang die Seiten des neuen Rechtecks und dessen innere Seiten sind.

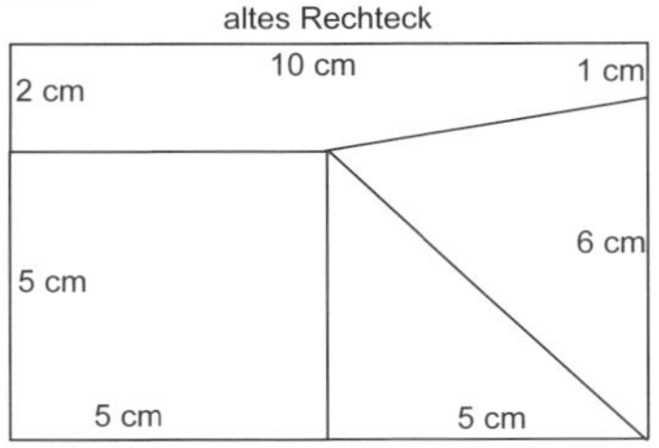

altes Rechteck	1 cm	2 cm	5 cm	6 cm	7 cm	10 cm
neues Rechteck	1,5 cm	3 cm	7,5 cm	9 cm	10,5 cm	15 cm

altes Rechteck	1 cm	2 cm	5 cm	6 cm	7 cm	10 cm
neues Rechteck	0,5 cm	1 cm	2,5 cm	3 cm	3,5 cm	5 cm

** Löse die Textaufgaben auf einem separaten Blatt Papier. Schreibe Rechnung und Antwortsatz auf.

2,5 kg : 500 g = 5   5 · 4,50 € = 22,50 €   2,5 kg Kalbfleisch kosten 22,50 €.
16,20 € : 3 = 5,40 €   1 m Stoff kostet 5,40 €.
1 h = 60 min   60 min : 10 min = 6   6 · 17 km = 102 km
Das Auto fährt in 1 h 102 km weit.
8 min = 480 s   480 s : 10 = 48 s $\frac{1}{10}$ der Badewanne sind in 48 s voll.

*** Löse diese Aufgaben auf einem separaten Blatt.

Mutter: 15 min : 2 = 7 min 30 s   7 · 7 min 30 s = 52 min 30 s
Vater: 15 min : 5 = 3 min   14 · 3 min = 42 min
52 min 30 s – 42 min = 10 min 30 s
Die Mutter braucht 10,5 Minuten länger, um alle Fenster zu putzen.

450 g : 3 = 150 g   6 – 2 + 4 = 8   4 · 150 g = 600 g
7 · 600 g = 4,200 kg
Mias Hasen fressen pro Woche 4,2 kg Karotten.

PROPORTIONALITÄT 2

Lösungen zu Lernkontrolle 13B

* Rechne aus, wie lang die Seiten des neuen Rechtecks und dessen innere Seiten sind.

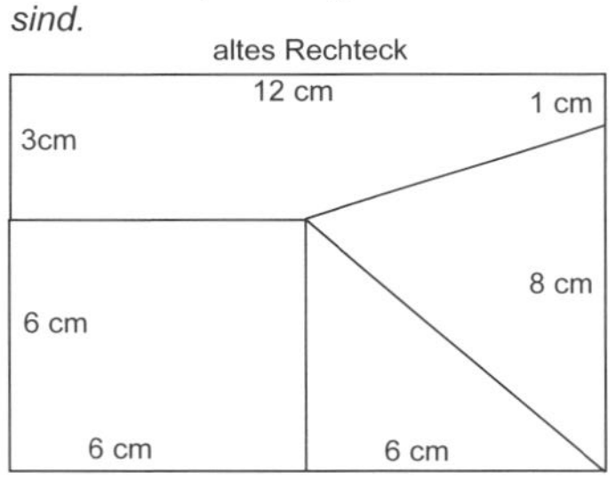

altes Rechteck	1 cm	3 cm	6 cm	8 cm	9 cm	12 cm
neues Rechteck	1,5 cm	4,5 cm	9 cm	12 cm	13,5 cm	18 cm

altes Rechteck	1 cm	3 cm	6 cm	8 cm	9 cm	12 cm
neues Rechteck	0,4 cm	1,2 cm	2,4 cm	3,2 cm	3,6 cm	4,8 cm

** Löse die Textaufgaben auf einem separaten Blatt. Schreibe Rechnung und Antwortsatz auf.

2,4 kg : 200 g = 12   48 € : 12 = 4 €   200 g Salami kosten 4 €.
21 m : 3 m = 7   4,60 € · 7 = 32,20 €   21 m Stoff kosten 32,20 €.
1 h = 60 min   60 min : 12 min = 5   120 km : 5 = 24 km
Das Auto fährt in 12 min 24 km weit.
200 l : 25 = 8, 8 · 48 s = 384 s = 6 min 24 s
Die Badewanne ist in 6 min 24 s voll.

*** Löse diese Aufgaben auf einem separaten Blatt.

Mutter: 20 min : 2 = 10 min   6 · 10 min = 60 min = 1h
Vater: 20 min : 5 = 4 min   18 · 4 min = 72 min
72 min – 60 min = 12 min
Der Vater braucht 12 Minuten länger, um alle Fenster zu putzen.

520 g : 4 = 130 g   8 – 4 + 2 = 6   3 · 130 g = 390 g
7 · 390 g = 2,730 kg
Fabians Hasen fressen pro Woche 2,730 kg Karotten.

Lösungen zu Lernkontrolle 14A

* Zeitpunkte und Zeitdauer berechnen. Ergänze die Tabelle.

Abfahrt	Fahrzeit	Ankunft
12.54 Uhr	**37 min**	13.31 Uhr
16.35 Uhr	**9 h 46 min**	02.21 Uhr
08.26 Uhr	2 h 45 min	**11.11 Uhr**
20.45 Uhr	4 h 30 min	**01.15 Uhr**
09.29 Uhr	1 h 56 min	11.25 Uhr
15.20 Uhr	8 h 47 min	00.07 Uhr

Wandle um.

12 s = $\frac{1}{5}$ min $\frac{2}{5}$ h = **24 min** $\frac{2}{3}$ J. = **8 Mt.**

4 h = $\frac{1}{6}$ d $\frac{1}{8}$ d = **3 h**   **75 min** = $1\frac{1}{4}$ h

** Berechne die fehlenden Angaben zum Thema Geschwindigkeit.

Wer	Strecke	Zeit	Geschwindigkeit (km/h)
Motorrad	90 km	1 h 30 min	60 km/h
Schwan	20 km	24 min	50 km/h
Fahrrad	10 km	20 min	**30 km/h**
Gepard	2 km	1 min	**120 km/h**
Flusspferd	**12 km**	15 min	48 km/h
Strauß	**12 km**	10 min	72 km/h

*** Beantworte folgende Fragen zur oberen Geschwindigkeitstabelle.

Wie viele km/h ist das Flusspferd schneller oder langsamer als das Fahrrad? **18 km/h schneller**

Wie lange braucht der Gepard für 100 m? **3 s**

Wie lange braucht das Motorrad für die angegebene Strecke, wenn es 40 km/h schneller fährt? **54 min**

Welche Strecke legt der Strauß in 1 Minute zurück? **1,2 km**

Wie lange braucht ein Schwan für 75 km? **1 h 30 min**

Lösungen zu Lernkontrolle 14B

* Zeitpunkte und Zeitdauer berechnen. Ergänze die Tabelle.

Abfahrt	Fahrzeit	Ankunft
09.47 Uhr	**28 min**	10.15 Uhr
12.35 Uhr	**7 h 27 min**	20.02 Uhr
19.36 Uhr	4 h 36 min	**00.12 Uhr**
07.35 Uhr	5 h 56 min	**13.31 Uhr**
20.15 Uhr	3 h 57 min	00.12 Uhr
02.47 Uhr	9 h 18 min	12.05 Uhr

Wandle um.

15 s = $\frac{1}{4}$ min $\frac{5}{6}$ h = **50 min** $\frac{1}{12}$ J. = **1 Mt.**

9 h = $\frac{3}{8}$ d $\frac{3}{4}$ d = **18 h**   **70 min** = $1\frac{1}{6}$ h

** Berechne die fehlenden Angaben zum Thema Geschwindigkeit.

Wer	Strecke	Zeit	Geschwindigkeit (km/h)
Auto	40 km	48 min	50 km/h
Stockente	26 km	15 min	104 km/h
Fahrrad	20 km	50 min	**24 km/h**
Schwalbe	13 km	12 min	**65 km/h**
Gazelle	**25 km**	20 min	75 km/h
Wolf	**70 km**	1 h 10 min	60 km/h

*** Beantworte folgende Fragen zur oberen Geschwindigkeitstabelle.

Wie viele km/h ist die Schwalbe schneller oder langsamer als das Auto? **15 km/h schneller**

Wie lange braucht das Fahrrad für 100 m? **15 s**

Wie weit kommt die Gazelle in der angegebenen Zeit, wenn sie 6 km/h schneller rennt? **27 km**

Welche Strecke legt der Wolf in 30 Sekunden zurück? **500 m**

Wie lange braucht eine Stockente für 78 km? **45 min**

ZAHLENSPIELE

Lösungen zu Lernkontrolle 15B

* Jede der folgenden Zahlen erfüllt eine Bedingung.
Ergänze die Tabelle so, dass jede Bedingung für eine Zahl stimmt.
Zahlen: 492; 12,02; 1,5; 4,999; 131; 625; 26,489; 1,29; 30; 4,99

	Bedingung	Lösungszahl
a)	... hat gleich viele Einer wie Hundertstel.	12,02
b)	... hat halb so viele Zehner wie Zehntel.	26,489
c)	Wenn man $\frac{1}{1000}$ zur Zahl addiert, erhält man eine ganze Zahl.	4,999
d)	... ist dasselbe wie 5 · 5 · 5.	625
e)	... ist ein Drittel der Hälfte von 180.	30
f)	... ist kleiner als 6, aber größer als die Hälfte von 6.	4,99
g)	... hat halb so viele Einer wie Zehntel.	1,29
h)	$\frac{1}{6}$ von ... ist 82.	492
i)	... ergibt auf ganze Zahlen gerundet $\frac{1}{5}$ von 10.	1,5
k)	Die Quersumme von ... ist 5.	131

** In jeder Reihe sind zwei Paare und ein schwarzes Schaf. Streiche die schwarzen Schafe durch und kreise die Paare jeweils mit einer anderen Farbe ein.

a)	3 kg 500 g	3,05 kg	3050 g	3,5 kg	~~3kg 5g~~
b)	~~720 dm~~	7,2 m	72 mm	72 dm	7cm 2 mm
c)	904 l	9,4 hl	940 l	~~904 dl~~	9,04 hl
d)	~~5,6 km~~	5km 6 m	5,06 km	5060 m	5,006 km
e)	8004 kg	8,4 t	~~8004 g~~	8t 4kg	8 t 400 kg

*** Magisches Quadrat: Du darfst die Ziffern von 1 bis 9 jeweils nur einmal verwenden und die Summe muss waagerecht, senkrecht und diagonal 15 ergeben.
Fülle die Quadrate richtig aus.

4	9	2	6	1	8
3	5	7	7	5	3
8	1	6	2	9	4

ZAHLENSPIELE

Lösungen zu Lernkontrolle 15A

* Jede der folgenden Zahlen erfüllt eine Bedingung.
Ergänze die Tabelle so, dass jede Bedingung für eine Zahl stimmt.
Zahlen: 343; 20; 92; 3,175; 24,5; 805; 8,46; 46,74; 923; 0,95

	Bedingung	Lösungszahl
a)	... hat gleich viele Hundertstel wie Zehner.	46,74
b)	... hat 3-mal weniger Einer als Hunderter.	923
c)	Wenn man $\frac{5}{100}$ zur Zahl addiert, erhält man 1.	0,95
d)	... ist dasselbe wie 7 · 7 · 7.	343
e)	... ist die Hälfte der Hälfte von 80.	20
f)	... ist kleiner als 5, aber größer als die Hälfte von 4.	3,175
g)	... hat halb so viele Zehntel wie Einer.	8,46
h)	$\frac{1}{5}$ von ... ist 161.	805
i)	... ergibt auf ganze Zahlen gerundet $\frac{1}{4}$ von 100.	24,5
k)	Die Quersumme von ... ist 2.	92

** In jeder Reihe sind zwei Paare und ein schwarzes Schaf. Streiche die schwarzen Schafe durch und kreise die Paare jeweils mit einer anderen Farbe ein.

a)	2 kg 40 g	2,4 kg	2,040 kg	~~2 kg 4 g~~	2 kg 400 g
b)	676 l	~~67,6 hl~~	6 hl 76 l	676 dl	67,6 l
c)	5,8 km	5800 m	5008 m	~~5,080 km~~	5 km 8 m
d)	75 mm	75 cm	7,5 dm	7,5 cm	~~7,5 m~~
e)	3,9 t	3 t 9 kg	3009 kg	~~3009 g~~	3900 kg

*** Magisches Quadrat: Du darfst die Ziffern von 1 bis 9 jeweils nur einmal verwenden und die Summe muss waagerecht, senkrecht und diagonal 15 ergeben.
Fülle die Quadrate richtig aus.

2	9	4	4	9	2
7	5	3	3	5	7
6	1	8	8	1	6

Sibylle Howald: Mathe Lernkontrollen 5 · Best.-Nr. 618 · © Brigg Pädagogik Verlag GmbH, Augsburg

AUFGABEN ZU DEN SORTEN

Lösungen zu Lernkontrolle 16A

* *Ergänze die Tabelle, indem du die Wirklichkeit, die Vergrößerung oder die Verkleinerung berechnest. Schreibe jeweils in der größtmöglichen Maßeinheit. Achtung: Beide Maßstabangaben sind auf die Wirklichkeit bezogen!*

Wirklichkeit	1 : 4	6 : 1	Wirklichkeit	1 : 8	7 : 1
3,2 cm	8 mm	1,92 dm	5,6 m	7 dm	39,2 m
1,4 dm	3,5 cm	8,4 dm	1,04 m	1,3 dm	7,28 m
1 dm	2,5 cm	6 dm	120 m	15 m	840 m
60 m	15 m	360 m	2 dm	2,5 cm	1,4 m
1,2 km	300 m	7,2 km	1,6 km	200 m	11,2 km

** *Löse die Textaufgaben auf einem separaten Blatt.*

2 w = 14 d   14 · 40 € = 560 €   1200 · 0,2 € = 240 €
560 € + 240 € = __800 €__   Die Rechnung beträgt 800 €.

30 · 24 h = 720 h   720 · 60 min = __43 200 min__
Der April hat 43 200 min.
60 · 43 200 min = __2 592 000 s__
Der April hat 2 592 000 s.

32,4 kg – 2,4 kg = 30 kg   30 kg = 30 000 g
30 000 g : 120 = __250 g__
Eine Konservendose wiegt 250 g.

***

a) 24 000 km : 100 km = 240   240 · 8 l = 1920 l
   Herbert muss 32 Mal pro Jahr volltanken.

b) 1920 l · 1,30 € = __2496 €__   Er bezahlt 2496 € pro Jahr für Benzin.

1645 km + (1645 km · 2) + ((1645 km · 2) – 495 km)) = __7730 km__
Der Kilometerzähler zeigt beim Verkauf 7730 km an.

a) 6,72 km : 3 · 2 = __4,48 km__   Dieser Tunnel ist 4,48 km lang.
b) 6,72 km · 10 = 67,2 km/h
   Die Durchschnittsgeschwindigkeit ist 67,2 km/h.

AUFGABEN ZU DEN SORTEN

Lösungen zu Lernkontrolle 16B

* *Ergänze die Tabelle, indem du die Wirklichkeit, die Vergrößerung oder die Verkleinerung berechnest. Schreibe jeweils in der größtmöglichen Maßeinheit. Achtung: Beide Maßstabangaben sind auf die Wirklichkeit bezogen!*

Wirklichkeit	1 : 3	9 : 1	Wirklichkeit	1 : 7	5 : 1
1,2 cm	4 mm	1,08 dm	4,9 m	7 dm	24,5 m
3,03 dm	1,01 dm	2,272 m	12,6 dm	1,8 dm	6,3 m
7,2 cm	2,4 cm	6,48 dm	1,05 m	1,5 cm	5,25 dm
105 m	35 m	945 m	280 m	40 m	1,4 km
30 m	10 m	0,270 km	1,4 km	200 m	7 km

** *Löse die Textaufgaben auf einem separaten Blatt.*

21 · 50 € = 1050 €   1800 · 0,2 € = 360 €   360 € + 1050 € = __1440 €__
Die Rechnung beträgt 1440 €.

5 · 7 d = 35 d   35 · 24 h = 840 h   840 · 60 min = __50 400 min__
5 Wochen haben 50 400 min.
60 · 50 400 min = __3 024 000 s__
5 Wochen haben 3 024 000 s.

36,4 kg – 3,4 kg = 33 kg   33 kg = 33 000 g
33 000 g : 150 = __220 g__
Eine Konservendose wiegt 220 g.

***

a) 25 000 km : 100 km = 250   250 · 9 l = 2250 l
   2250 l : 50 l = __45__   Melanie muss 45 Mal pro Jahr volltanken.

b) 2250 l · 1,30 € = __2925 €__
   Melanie bezahlt 2925 € pro Jahr für Benzin.

2876 km + (2876 km : 2) + ((2876 km : 2) + 687 km)) = __6439 km__
Der Kilometerzähler zeigt beim Verkauf 6439 km an.

a) 4,720 km : 2 · 3 = __7,080 km__   Dieser Tunnel ist 7,080 km lang.
b) 7,080 km · 10 = 70,800 km/h
   Die Durchschnittsgeschwindigkeit ist 70,800 km/h.

ZAHLENRÄTSEL

Lösungen zu Lernkontrolle 17A

Löse die folgenden Zahlenrätsel. Schreibe jeweils Rechnung und Antwortsatz auf. Nutze für schriftliche Rechnungen ein separates Blatt.

*

1) Wenn du von einer Zahl viermal 2365 subtrahierst, erhältst du 19 570.
   19 570 + (4 · 2365) = **29 030**
   Die Zahl heißt 29 030.

2) Wenn du zur Hälfte einer Zahl 4889 addierst, erhältst du 7589.
   7589 – 4889 = 2700   2700 · 2 = **5400**
   Die Zahl heißt 5400.

3) Die gesuchte Zahl ist ein Drittel der Differenz von 100 000 und 10 468.
   100 000 – 10 468 = 89 532   89 532 : 3 = **29 844**
   Die Zahl heißt 29 844.

**

4) Das Sechsfache einer Zahl ist gleich groß wie die Summe von 12 795 und 20 205.
   12 795 + 20 205 = 33 000   33 000 : 6 = **5500**
   Die Zahl heißt 5500.

5) Ein Siebtel einer Zahl ist gleich groß wie das Vierfache von 4690.
   4 · 4690 = 18 760   7 · 18 760 = **131 320**
   Die Zahl heißt 131 320.

***

6) Die Summe einer Zahl mit 13 560 ergibt das Produkt von 40 und 569.
   40 · 569 = 22 760   22 760 – 13 560 = **9200**
   Die Zahl heißt 9200.

7) Wenn du die Hälfte einer Zahl drittelst, erhältst du das Vierfache von 120.
   120 · 4 = 480   480 : 3 = 1440   1440 · 2 = **2880**
   Die Zahl heißt 2880.

8) Wenn du das Achtfache einer Zahl viertelst, erhältst du 650 weniger als ein Fünftel von 4600.
   4600 : 5 = 920   920 – 650 = 270   270 · 4 = 1080   1080 : 8 = **135**
   Die Zahl heißt 135.

ZAHLENRÄTSEL

Lösungen zu Lernkontrolle 17B

Löse die folgenden Zahlenrätsel. Schreibe jeweils Rechnung und Antwortsatz auf. Nutze für schriftliche Rechnungen ein separates Blatt.

*

1) Wenn du von einer Zahl sechsmal 1658 subtrahierst, erhältst du 38 740.
   38 740 + (6 · 1658) = **48 688**
   Die Zahl heißt 48 688.

2) Wenn du zum Doppelten einer Zahl 6278 addierst, erhältst du 13 254.
   13 254 – 6278 = 6976   6976 : 2 = **3488**
   Die Zahl heißt 3488.

3) Die gesuchte Zahl ist ein Viertel der Differenz von 110 000 und 18 644.
   110 000 – 18 644 = 91 356   91 356 : 4 = **22 839**
   Die Zahl heißt 22 839.

**

4) Das Achtfache einer Zahl ist gleich groß wie die Summe von 15 625 und 22 775.
   22 775 + 15 625 = 38 400   38 400 : 8 = **4800**
   Die Zahl heißt 4800.

5) Ein Sechstel einer Zahl ist gleich groß wie das Fünffache von 2670.
   5 · 2670 = 13 350   6 · 13 350 = **80 100**
   Die Zahl heißt 80 100.

***

6) Die Differenz einer Zahl mit 18 560 ergibt das Produkt von 30 und 849.
   30 · 849 = 25 470   25 470 + 18 560 = **44 030**
   Die Zahl heißt 44 030.

7) Wenn du ein Drittel einer Zahl halbierst, erhältst du einen Fünftel von 1650.
   1650 : 5 = 330   330 · 2 = 660   660 · 3 = **1980**
   Die Zahl heißt 1980.

8) Wenn du das Neunfache einer Zahl drittelst, erhältst du 730 weniger als ein Viertel von 4600.
   4600 : 4 = 1150   1150 – 730 = 420   420 · 3 = 1260   1260 : 9 = **140**
   Die Zahl heißt 140.